DEBUT D'UNE SERIE DE DOCUMENTS
EN COULEUR

BIBLIOTHÈQUE
DES ÉCOLES ET DES FAMILLES

A BATONS ROMPUS

PAR

P. VINCENT

PARIS
LIBRAIRIE HACHETTE ET Cⁱᵉ
79, boulevard Saint-Germain, 79

PARIS. — IMP. ÉMILE MARTINET.

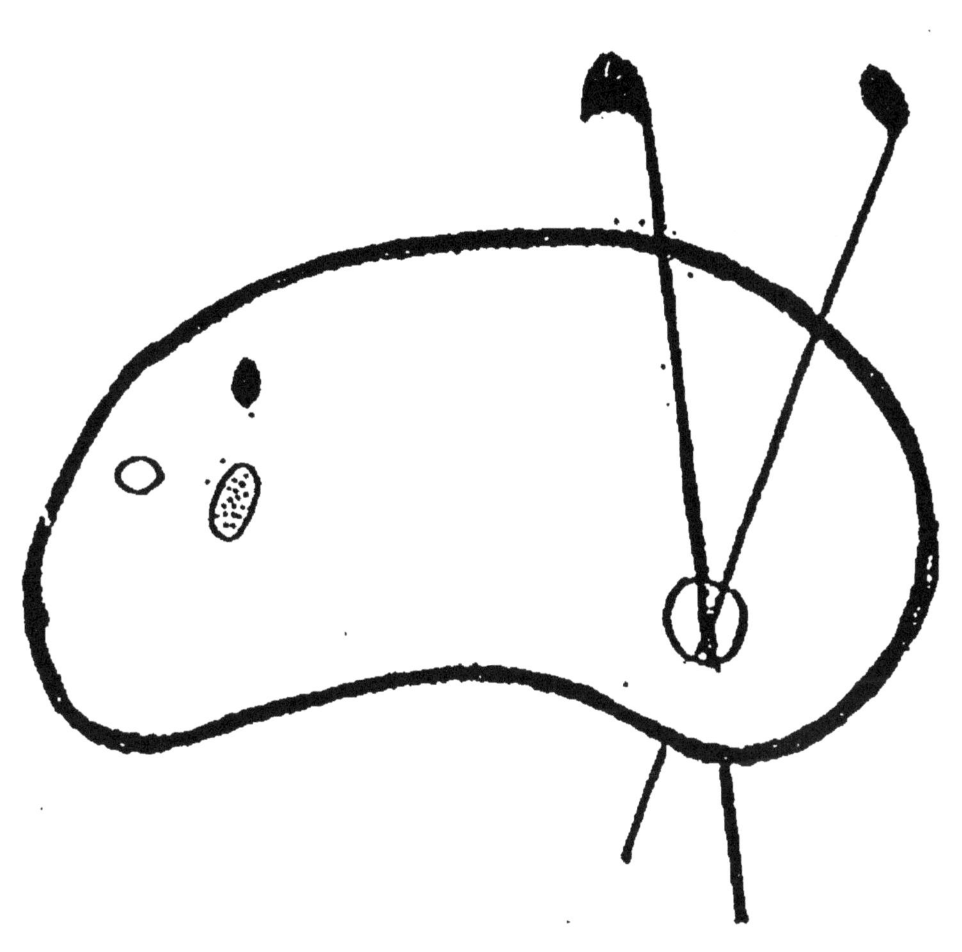

FIN D'UNE SERIE DE DOCUMENTS
EN COULEUR

A BÂTONS ROMPUS

BIBLIOTHÈQUE
DES ÉCOLES ET DES FAMILLES

A BÂTONS ROMPUS

CAUSERIES SCIENTIFIQUES

PAR

P. VINCENT

Rédacteur du *Journal de la jeunesse*

DEUXIÈME ÉDITION

PARIS

LIBRAIRIE HACHETTE ET Cⁱᵉ

79, Boulevard Saint-Germain, 79

1882

A BÂTONS ROMPUS

LE PARAPLUIE

Je me trouvais, vers la fin du mois dernier, dans les environs de Fontainebleau, chez un de mes amis qui possède sur la lisière de la forêt, près d'Avon, une charmante habitation, où il demeure pendant la belle saison avec sa famille.

Quel bonheur pour un Parisien que de se sentir, loin de la boue ou de la poussière des boulevards, au milieu d'une belle et riante nature! Aussi je ne me lassais pas de parcourir, en compagnie de mon hôte, M. Deville, et de Georges et Marie, ses deux enfants, tous les méandres de cette forêt, un des plus splendides joyaux de la verte ceinture de Paris.

Un matin, de bonne heure, tenté par la délicieuse fraîcheur du bois et par les premiers rayons d'un beau soleil de mai qui doraient le feuillage, j'avais laissé mes hôtes encore endormis, et je m'étais enfoncé dans la forêt jusqu'au pied du mont Andart, un de ces pittoresques amoncellements de rochers qui caractérisent si bien Fontainebleau.

Je fus tiré de mes rêveries par un sourd bruissement qui parcourait la ramée, et, levant la tête, je reçus deux ou trois larges gouttes d'eau. Le ciel était complètement couvert, et j'eus beau presser le pas, la pluie se mettant à tomber avec violence, me força à chercher un abri sous un chêne. Mais bientôt les feuilles commencèrent à laisser ruisseler sur ma tête de véritables cascades. Il n'y avait par à hésiter, il fallait prendre la fuite et se laisser tremper.

Par bonheur, à ce moment, j'aperçus à travers les arbres, à une certaine de mètres de moi, la maison d'un garde. En deux bonds j'eus atteint ce refuge plus sûr. La femme du garde, qui était seule, m'offrit très cordialement l'hospitalité, et m'informa en même temps qu'en prenant un sentier de traverse je pourrais regagner en moins de vingt minutes la maison de M. Deville. Oui, mais vingt minutes de course sous une pluie battante n'avaient rien de fort engageant. Cependant le ciel, uniformément gris, annonçait que la pluie ne cesserait pas de quelque temps, et l'heure du déjeuner approchait. Mes hôtes allaient être inquiets de mon absence.

La brave femme vint heureusement me tirer d'embarras. Elle m'offrit un peu timidement un vieux parapluie qu'elle prétendait bien laid et bien lourd pour un monsieur, mais que j'acceptai avec empressement.

Cinq minutes après, je cheminais à l'abri d'un gigantesque parapluie, qui aurait pu aisément abriter cinq personnes, un vrai parapluie omnibus. C'était une vaste coupole en étoffe de coton rouge bordée de noir, surmontée d'un véritable paratonnerre en cuivre guilloché, et supportée par un manche épais, dont le crochet, long et recourbé, ressemblait à quelque arme antique.

L'heure du déjeuner avait sonné, et toute la famille m'attendait sous le péristyle. Aussi mon

LE PARAPLUIE OMNIBUS.

apparition en compagnie de cet étrange instrument fut-elle saluée par une bordée de joyeux éclats de rire. Tout en faisant mes excuses et en racontant mon aventure, je fermai non sans peine mon monumental parapluie. Georges et

Marie l'examinèrent attentivement; le premier finit par déclarer avec emphase que ce meuble avait dû appartenir au bon père Noé, ou tout au moins au roi Pépin.

« Allons déjeuner, mes enfants, dit M. Deville, nous reparlerons ensuite du parapluie si cela vous intéresse. Pour le moment, malgré tout le respect que j'ai pour l'érudition de Georges, je suis obligé de mettre en doute la haute antiquité de celui que nous avons là, et de vous rappeler que cet ustensile était encore tout à fait inconnu dans notre pays il y a deux cents ans; bien mieux, que son nom lui-même ne date guère de plus d'un siècle. C'est du reste une curieuse histoire que celle des parapluies.

— Tu nous la raconteras, n'est-ce pas, père? » s'écrièrent simultanément les deux enfants.

Après déjeuner, le temps étant toujours mauvais, nous passâmes au salon, et aucun de nous n'oublia de rappeler à M. Deville la promesse qu'il nous avait faite de nous raconter l'histoire du parapluie.

« On pourrait, nous dit-il, faire au sujet du parapluie de longues et curieuses études, et vous seriez peut-être bien étonnés si je vous disais que c'est cet humble ustensile qui a servi de base à tous les styles architectoniques de l'extrême Orient, et qu'il peut revendiquer en partie la paternité de la haute pagode de l'Inde et de la Chine, et du dôme de la mosquée. Mais je ne veux pas vous faire ici un cours d'architecture au sujet du parapluie : qu'il me suffise de vous dire que les Hindous le connaissaient de toute antiquité. Quand je dis parapluie, je veux aussi bien parler du parasol, car il est évident que dans un pays de soleil c'est le dernier titre qui est le plus juste.

» Le plus ancien parasol que l'on connaisse est celui qui surmonte encore aujourd'hui l'autel du temple souterrain de Karli, sur la côte occidentale de l'Inde, près de Bombay. Cet ancêtre de tous nos parapluies, ombrelles, etc., est en bois de teck, un des bois les plus inaltérables, et il occupe authentiquement, depuis au moins 2000 ans, la place où nous le voyons aujour-

LE GRAND PARASOL DANS LE TEMPLE SOUTERRAIN DE KARLI.

d'hui. Vous avouerez que c'est un bel âge, même pour un parapluie.

» On trouve encore sur de nombreux monuments de l'Inde des représentations de parasols en pierre, qui remontent à plus de vingt-cinq siècles.

» Chez les Hindous de nos jours comme chez ceux de l'antiquité, le parasol est resté l'emblème de la royauté et de la noblesse. Il est donné en récompense pour les actions d'éclat ou les services signalés. Tel général qui a gagné une grande bataille reçoit de son souverain un parapluie rouge ou bleu, et s'en estime aussi fier que s'il avait reçu le grand-cordon de l'ordre le plus célèbre.

» Les Chinois et les Japonais ont connu le véritable parapluie de bonne heure, et ils l'ont amené à un tel point de perfection, que même aujourd'hui nous ne rivalisons que difficilement encore avec eux. Ils ont été les premiers à inventer un parapluie se fermant et s'ouvrant à volonté. L'armature en est entièrement en roseau, et le pavil-

PARAPLUIES JAPONAIS.

lon en un papier de fabrication spéciale, qui joint à une excessive légèreté la propriété d'être absolument imperméable. Les fabriques de Han-kao fournissent maintenant tout l'Extrême Orient de ces légers et élégants parapluies chinois, d'une durée bien supérieure à celle des nôtres, et d'un bon marché étonnant.

» Si nous revenons vers l'Europe, nous voyons que les anciens Grecs connaissaient le parasol ; ils l'avaient sans doute reçu de l'Inde, et n'en faisaient usage que dans les cérémonies religieuses, principalement dans celles qu'ils avaient, comme c'est probable, tirées de la religion indienne.

» Aux fêtes de Bacchus, de Cérès et de Minerve, on portait dans les processions des parasols comme insigne de la majesté de ces divinités. Vers le commencement du printemps, on célébrait en l'honneur de Mercure une fête dite *des Parasols*.

» Les empereurs romains se faisaient eux-mêmes suivre dans les cérémonies par des esclaves portant de vastes ombrelles richement brodées et ornées de pierreries.

» Plus tard, au moyen âge, nous voyons, dans une chronique où est raconté le retour du pape Alexandre III de Venise à Rome, après la paix signée avec Frédéric Barberousse, que les habitants d'Ancône offrirent deux parasols, l'un au pape, l'autre à l'empereur. Alors le pape dit : « Qu'on en apporte un troisième pour le duc de Venise, qui le mérite bien ; car il nous a délivrés des troubles dont nous étions inquiétés, et nous a procuré la paix. En mémoire de quoi, nous voulons que les ducs de Venise se servent toujours de parasols dans les cérémonies publiques. »

» Ces parasols donnèrent naissance aux dais, que l'on portait au-dessus des princes, et dont l'usage s'est perpétué dans nos cérémonies religieuses. Mais ce n'est qu'en 1660 que l'on fit usage pour la première fois en France d'un parasol qui, à l'instar de celui des Chinois, pouvait se fermer et supporter la pluie. Jusqu'alors, comme je l'ai dit, le parasol n'était qu'un lourd et encombrant pavillon, qu'on ne pouvait ployer ni porter soi-même, et qui restait exclusivement réservé aux grands et aux cérémonies.

» Croirait-on que l'introduction de cet ustensile, si utile, si commode, ne se fît en Europe qu'avec de grandes difficultés? Longtemps l'usage n'en fut permis qu'aux femmes, et encore aux femmes de haut rang. Du reste, ne retrouvons-nous pas encore la trace des préjugés qui s'attachaient au port du parapluie, dans le fait qu'il est défendu à nos militaires de s'en servir lorsqu'ils sont en uniforme? N'est-ce pas aussi à ces préjugés que nous devons tous les sobriquets dont sont baptisés dans notre langue le parapluie et ses adeptes?

» En Angleterre, l'usage du parapluie se répandit plus rapidement que chez nous, et cela grâce au philanthrope John Hanway, qui, après avoir perfectionné cet ustensile de façon à le mettre, par son bon marché, à la portée de toutes les classes, ne craignit pas d'affronter le

JOHN HANWAY, L'INVENTEUR DU PARAPLUIE EN EUROPE

A BATONS ROMPUS

2

ridicule en se montrant tous les jours de pluie dans les rues de Londres avec son parapluie ouvert. Aussi les Anglais, gens pratiques et devenus inséparables compagnons du parapluie, ont-ils rangé Hanway parmi les bienfaiteurs de l'humanité.

» Le mot *parapluie* ne fut mis en usage qu'en 1728; on le composa des mots *pare à pluie*, c'est-à-dire qui abrite de la pluie.

» L'usage du parasol resta réservé aux femmes, et même de nos jours il est considéré comme peu viril de s'abriter du soleil au moyen d'une ombrelle. Cependant là aussi le préjugé tend à disparaître, et, dans nos villes du Midi, les messieurs ne craignent pas d'arborer le large parasol blanc.

» L'industrie de la fabrication des parapluies se développa bien vite en France. Aujourd'hui elle est devenue une des branches importantes de notre commerce. Paris fabrique à lui seul, annuellement, pour 8 à 10 millions de para-pluies et d'ombrelles. Lyon et plusieurs autres villes de France atteignent ensemble un chiffre presque aussi considérable.

» Vous voyez donc que, si ce modeste et utile instrument, que notre esprit railleur a ridiculisé et baptisé d'innombrables sobriquets, possède une antiquité incontestable, on peut dire qu'il n'est en usage général chez nous que depuis une centaine d'années. »

COMMENT SE FAIT UNE AIGUILLE

« Oh, ce n'est rien, ce n'est qu'une aiguille ! » disait la petite Marie à son frère Georges, qui, accroupi sous la table, cherchait l'aiguille qu'elle venait de laisser tomber.

M. Deville, qui lisait son journal assis dans son fauteuil, releva la tête en entendant cette exclamation.

« Ce n'est qu'une aiguille ! dit-il en s'adressant à Marie ; si tu savais combien il a fallu de soin et de patience pour faire cette aiguille, tu n'en parlerais pas si légèrement. Combien penses-tu qu'il faille d'ouvriers pour faire une seule aiguille?

— Je n'en sais rien, répondit Marie, mais il me semble qu'un, tout au plus deux, doivent suffire.

— Eh bien, tu te trompes ; car si l'on compte depuis la fabrication du fil d'acier jusqu'au pliage des petits paquets renfermant les aiguilles prêtes à être livrées au commerce, chacun de ces délicats petits outils passe en moyenne dans les mains de cent vingt ouvriers.

— Oh ! je t'en prie, père, s'écria Georges, explique-nous comment il se fait qu'une chose si insignifiante demande tant de travail.

— Je veux bien, répondit M. Deville ; mais laissez-moi vous dire d'abord que l'aiguille, loin d'être un objet insignifiant, est un des plus importants instruments que le génie de l'homme ait créés et un de ceux qui l'ont aidé le plus à s'élever au-dessus de la brute. N'est-ce pas elle qui lui permet d'assembler sous formes de vê-

tements les étoffes dont il n'aurait pu autrem en
que s'envelopper d'une manière imparfaite ? E
que de broderies délicates, que de choses cha r
mantes sortent de ce léger outil, qui fournit en
outre le travail et le pain quotidien à tant de
pauvres ouvrières !

» La première partie de la fabrication des aiguilles est l'étirage du fil de fer. Le fabricant
achète les barres de fer brutes et il les étire, en
les faisant passer à travers des plaques d'acier
percées de trous de plus en plus petits, jusqu'à
ce que la barre se soit transformée en un fil
du diamètre voulu, que l'on enroule autour
d'un tambour.

» Les rouleaux de fil de fer sont alors soigneusement assortis comme dimensions, puis on les
coupe en deux, de manière à obtenir deux faisceaux d'une égale longueur.

» L'ouvrier, prenant un de ces faisceaux, le
présente à une machine armée de ciseaux mus
par la vapeur, qui coupent le fil en tronçons
d'une longueur correspondant à deux aiguilles.

Vous vous ferez une idée de la puissance de cette machine, lorsque vous saurez qu'en une journée de dix heures elle peut apprêter 800 000 aiguilles.

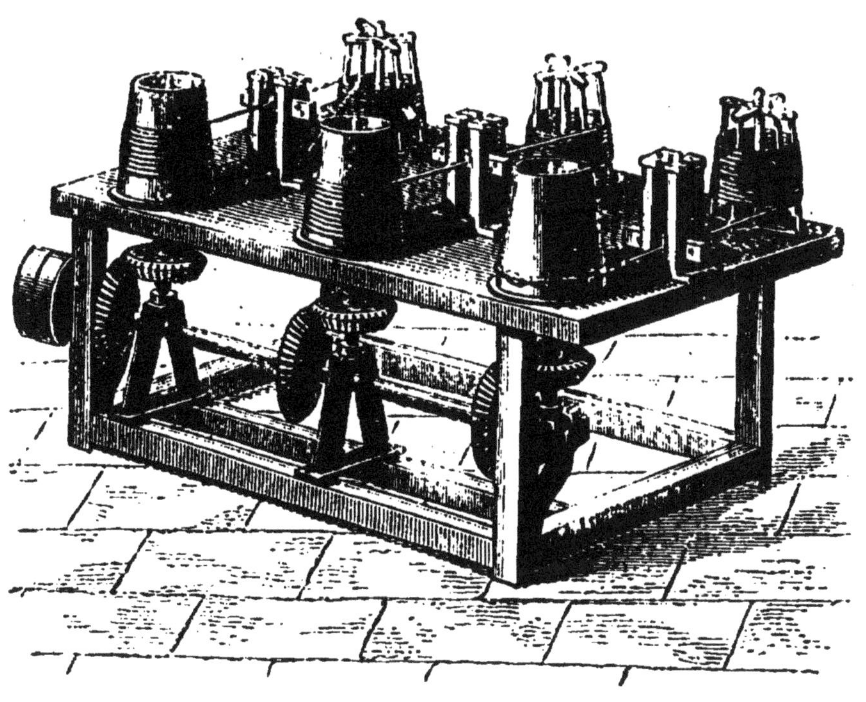

— Comment, interrompit Marie, 800 000 aiguilles en une journée!

— Ce n'est encore rien. Certaines fabriques préparent jusqu'à 100 millions d'aiguilles par semaine.

» Les tronçons de fil de fer passent ensuite dans une autre machine, qui est chargée de les redresser, car ils sont fortement courbés, autant par le tambour autour duquel ils s'enroulaient primitivement que par les ciseaux qui les ont coupés. Pour cela, on les réunit en paquets de

MEULE A AFFILER LES AIGUILLES.

5 à 6000, que l'on entoure d'anneaux de fer et auxquels on fait supporter une forte pression.

» Après le redressage, les paires d'aiguilles passent entre les mains des affileurs, qui usent les extrémités sur de petites meules, afin de former la pointe. L'affileur prend une poignée d'aiguilles et les présente simultanément à la meule, en leur imprimant avec les doigts un mouvement de rotation.

— Se sert-on d'eau pour affiler les aiguilles? demanda Georges.

— Non, car l'eau ferait rouiller l'acier. Aussi la poussière de fer projetée par les meules remplit l'atmosphère et constituerait un danger sérieux pour la santé des ouvriers, si l'on n'y

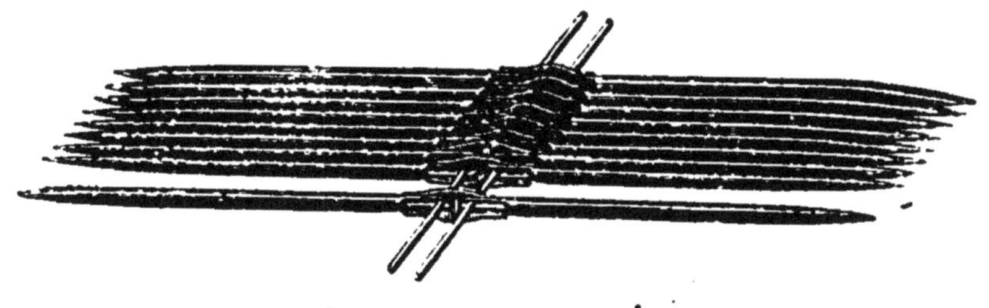

AIGUILLES APPAIRÉES.

avait remédié en dirigeant sur les meules un courant d'air violent, qui chasse les parcelles métalliques.

» Dans quelques fabriques, le chas ou œil de l'aiguille est percé sur le tronçon de fil de fer formant la paire d'aiguilles; mais, en général, on coupe premièrement l'aiguille de la longueur qu'elle doit avoir, et on la perce ensuite.

» Avant de la percer, il faut toutefois aplatir d'abord la tête, dont les aspérités produites par le ciseau déchireraient le linge. L'ouvrier chargé de cette opération prend une vingtaine d'aiguilles et les étale en éventail sur une petite enclume, puis d'un seul coup de marteau, il aplatit toutes les têtes. Un autre ouvrier prend les aiguilles arrivées à ce point et les place dans une étuve, où elles sont chauffées, puis refroidies lentement. Cette opération les rend plus malléables et moins cassantes.

» Le trou de l'aiguille est quelquefois pratiqué au moyen d'une machine, mais dans la plupart des fabriques il est encore percé à la main. C'est un enfant qui est généralement chargé de cette opération. Il place l'aiguille sur une enclume de plomb et perce le trou au moyen d'un foret et d'un marteau, d'abord d'un côté et puis de l'autre. Ces enfants arrivent à une merveilleuse précision et à une grande rapidité. Il n'est pas rare, lorsque des étrangers visitent la fabrique, de voir ces jeunes ouvriers placer un cheveu sur l'enclume et le percer d'un bon coup de leur foret.

» Enfin, un dernier ouvrier prend l'aiguille et pratique au moyen d'un poinçon le petit rebord qui entoure l'œil et permet d'y glisser le fil. L'aiguille est finie, mais elle n'est pas encore prête à être livrée au commerce. Il faut encore la tremper, ce que l'on fait en la chauffant au rouge vif et en la précipitant dans un bassin plein d'eau froide; puis la polir, en la frottant avec un papier d'émeri; la dégraisser et enfin l'essuyer. Et dans chacune de ces opérations chaque aiguille passe entre les mains de plusieurs ouvriers.

» Il ne reste plus après cela qu'à assortir les aiguilles, pour qu'elles soient toutes de même grosseur et de même longueur, et à les ranger par une ou deux douzaines dans ces petits paquets étiquetés que vous connaissez si bien.

» Vous voyez, mes enfants, par quelles opérations multiples passe l'aiguille avant d'arriver dans vos mains, et cependant vous savez combien son prix est minime. On ne peut arriver à ce résultat que par l'ordre introduit dans la fabrication et aussi par la division du travail ; car, tandis que vous voyez cent ouvriers fabriquer en une journée plusieurs centaines de mille d'aiguilles, c'est à peine si un homme seul, quelque habile qu'il fût, pourrait arriver en dix heures à en faire une douzaine.

» Le monde me paraît ressembler beaucoup à cette fabrique d'aiguilles. Là aussi chacun doit apporter dans l'humble tâche qui lui incombe le même courage, la même application, contribuant ainsi à la grande œuvre sociale, au bien-être de tous, au sien propre que tous s's efforts isolés ne réussiraient pas à assurer. »

LE JEU D'ÉCHECS

Il faisait une chaleur accablante : pendant toute la journée, le soleil avait dardé ses rayons avec une ardeur sénégalienne, dorant les mois-

sons, mûrissant les fruits, et, en revanche, dis-
tribuant avec prodigalité les insolations aux habitants de nos régions tempérées, peu habitués
à de pareils excès. Ce qu'il y a de mieux à faire
en pareil cas, lorsqu'on est à la campagne, c'est
de rester à la maison et d'attendre que le soir
amène la fraîcheur. Telle avait été l'opinion
des quelques invités qui se trouvaient réunis
dans la charmante villa de M. Deville. Moi,
pour ma part, j'avais bien essayé d'aller chercher la fraîcheur sous les ombrages de la forêt
voisine, mais j'avais dû promptement battre en
retraite devant les attaques des taons et des
milliers d'insectes dont les essaims tourbillon-
naient sous les arbres avec une inexplicable
fureur.

Mais aussi que faire à la campagne, lorsqu'on est enfermé dans un salon? Nous avions
essayé tour à tour les cartes, les dames, les
petits jeux de toute espèce, puis la lassitude
s'était emparée de nous, et peu à peu chacun
s'était étendu sur un fauteuil, attendant dans

une douce torpeur et la fraîcheur et l'heure du dîner.

Seuls M. Deville et M. le curé paraissaient avoir trouvé une inépuisable distraction dans le jeu d'échecs. Depuis le déjeuner, ils étaient attablés devant leur échiquier et les parties se succédaient sans lasser leur ardeur. Silencieux, attentifs, ils semblaient plongés dans quelque insoluble problème, et l'on n'entendait plus dans le salon que le bruit saccadé produit par le mouvement des pièces.

« Ah ! ah ! s'écria tout à coup notre ami le docteur, qui, étendu sur le sofa, se livrait à la lecture d'un journal, voilà qui doit vous intéresser ! On annonce une victoire, une grande et éclatante victoire ! Écoutez plutôt : « Le célèbre joueur d'échecs, M. Rosenthal, le champion de la France, vient de remporter la victoire, au Congrès international de Vienne, le 20 juillet dernier, en battant le champion allemand, M. Plessing. » Eh bien, qu'en dites-vous ? »

« Échec au roi! » La partie était à son dénouement, le moment critique approchait. Nous nous levâmes tous pour assister aux dernières péripéties de la lutte. M. le curé, après s'être laissé enlever sa reine, faisait de vains efforts pour protéger son roi contre les attaques de son adversaire. Il eut beau appeler à la rescousse le cavalier et le fou qui lui restaient, faire avancer sa tour, sacrifier quelques pions, il ne put qu'arrêter un instant la marche du vainqueur, car bientôt le roi se vit complètement cerné, et le terrible « échec et mat » retentit.

Les deux joueurs se levèrent de table, en s'adressant de mutuelles félicitations sur leur jeu.

« Vous disiez tout à l'heure, cher docteur, dit M. Deville, que les joueurs français avaient été vainqueurs à Vienne? Je ne crois pas qu'il faille à ce sujet faire comme quelques journaux qui poussent des cris de joie, comme si nous venions de remporter quelque succès sérieux et réel ; mais cependant on ne peut que se féliciter de ce résultat, qui montre que nous avons eu-

LA PARTIE ÉTAIT A SON DÉNOUEMENT.

core en France quelques personnes qui s'inté-
ressent à ce jeu, un des plus nobles, un des
plus élevés que l'homme ait inventés.

— Quelle ferveur! s'écria en riant le docteur.
Je vais me faire lapider, si je vous avoue que
ma pauvre tête n'a jamais pu saisir aucune des
ténébreuses combinaisons de votre noble jeu.
Que diable! on joue pour se distraire, pour

PIÈCES DU JEU D'ÉCHECS.

s'amuser, et non pour s'épuiser le cerveau. Qui
peut comprendre quelque chose à la marche de
ces pièces ornées de noms fantastiques? un roi
qui ne peut rien, une dame omnipotente, des
fous qui s'avancent de côté, des cavaliers qui
bondissent et se cabrent par-dessus les carreaux,
des tours à l'allure non moins vagabonde, sans
compter ces pauvres pions, qui se traînent péniblement sur l'arène, menacés de tous côtés et

presque sans défense. Et puis, votre noble jeu est le plus platonique des jeux; il ne donne que des émotions de mathématiciens et ne permettrait pas seulement à ses adeptes de risquer une pièce de quatre sous.

— Pas même un sou, docteur, reprit gaiement M. Deville, et c'est là un des plus beaux côtés du jeu d'échecs. Les autres jeux, justement qualifiés de hasard, n'offrent aux joueurs d'autre intérêt que l'enjeu qui les accompagne. Et cet enjeu, quelque minime qu'il soit, peut suffire malheureusement à éveiller chez un esprit faible le désir, l'habitude d'un gain qui n'est pas acquis par le travail. Aux échecs, au contraire, une noble rivalité suffit à stimuler les adversaires. Et quelle excellente gymnastique pour l'esprit dans ces mille combinaisons, dans ces calculs rapides, spontanés, dans ces obstacles imprévus, dans cette poursuite constante d'un but? Je le répète, et sans emphase, le jeu d'échecs est le seul jeu qui, tout en procurant une sage et agréable distraction, exerce l'intelligence et élève l'esprit.

— A vous entendre, il faudrait faire entrer le jeu d'échecs dans le programme des études de nos jeunes gens?

— Non, je ne vais point jusque-là; dans l'état actuel de la science, nos jeunes gens ont assez à faire d'étudier à fond les nombreuses questions qui leur sont soumises. Mais lorsqu'ils quittent le collège, qu'ils entrent dans la vie, je ne vois pas où serait l'inconvénient s'ils choisissaient les échecs comme mode de distraction plutôt que les cartes ou tout autre jeu. Au moyen âge, il n'était pas d'homme bien né qui ne connût le jeu d'échecs; et aujourd'hui combien de personnes y a-t-il qui, non seulement n'en connaissent pas les premières règles, mais en ignorent jusqu'à l'origine?

— Moi tout le premier, interrompit le docteur; et pour vous montrer que vos arguments m'ont ébranlé, je vous prierai, non pas de me donner une leçon d'échecs, cela viendra plus tard, mais de me dire ce que vous savez sur l'histoire et l'origine du noble jeu. Cela ne peut manquer d'être intéressant, et je suis sûr que ces messieurs l'entendraient aussi volontiers que moi. »

Tout le monde fut instantanément de l'avis

LE JEU D'ÉCHECS.

du docteur, et M. Deville, après s'être fait un peu prier, nous dit :

« Nous avons encore une heure avant le dîner, je vais vous dire brièvement ce que je sais sur ce sujet.

» En général, les livres qui s'occupent du jeu d'échecs commencent leur aperçu historique en attribuant l'invention de ce jeu au Troyen

Palamède, qui l'aurait imaginé pour distraire les ennuis des assiégés pendant le long blocus auquel les soumirent les Grecs coalisés sous le commandement d'Agamemnon. De là est venue. chez les personnes qui se piquent d'érudition la coutume de décerner aux joueurs d'échecs le titre de disciples de Palamède.

» N'en déplaise aux livres et aux personnes trop confiantes, le jeu inventé par Palamède n'est pas le jeu d'échecs, mais un jeu à peu près semblable à notre jeu de dames. Cependant ce dernier ne doit pas être attribué non plus à Palamède, mais à un inventeur non moins illustre, le grand roi Xerxès.

» Les échecs eux-mêmes furent inventés à une époque très reculée dans l'Inde, et c'est de là qu'ils se sont répandus dans toute l'Asie, et beaucoup plus tard en Europe.

» D'après la tradition, ils auraient été imaginés par le brahmane Sissa, ministre du roi Chêch-Rama. Lorsque le brahmane exposa sa découverte au souverain, celui-ci, transporté de joie, lui donna à choisir la récompense qui lui paraissait la plus convenable. Sissa demanda qu'il lui fût remis un grain de blé pour la première case de l'échiquier, deux grains pour la seconde, quatre pour la troisième, et ainsi de suite en doublant le nombre de grains de blé à chacune des 64 cases de l'échiquier. Le roi ne put s'empêcher de rire de cette demande; mais lorsque le calcul fut fait, il se trouva que tous les greniers du royaume, ceux même de l'Asie, que dis-je? du monde entier, n'auraient pu suffire à fournir la quantité de blé qui était due au brahmane.

» En effet, savez-vous à quel chiffre s'élevait le nombre de grains de blé produits par les 64 casiers de l'échiquier? A

18 446 744 073 709 551 615,

c'est-à-dire de quoi former une couche de 10 mètres d'épaisseur sur une surface de 5750 kilomètres carrés, égale à 82 fois la superficie de la ville de Paris.

— Je vous disais bien, interrompit le docteur, que le jeu d'échecs avait été fait pour les mathématiciens; l'inventeur me fait l'effet d'avoir été diantrement fort en multiplication, car, si je ne me trompe, le nombre que vous venez de nous citer représente 18 milliards de milliards. C'est vertigineux!

— En tout cas, quel qu'en ait été l'inventeur, reprit M. Deville, le jeu d'échecs était déjà en grand honneur dans l'Inde plusieurs siècles avant notre ère, et les hommes les plus illustres s'y livraient avec passion.

» L'histoire de l'Inde renferme de nombreux faits qui montrent en quelle considération ce jeu était tenu et avec quelle ardeur on le jouait. Je ne vous citerai qu'une de ces anecdotes, que je lisais, il y a peu de temps, dans la relation du voyage dans l'Inde de M. Louis Rousselet.

« C'était pendant la longue guerre entre les Mogols et les Rajpouts. Ces derniers avaient cerné Ontala, petite forteresse qui était aux mains des musulmans. Pendant que la bataille faisait rage sur les remparts et aux portes de la ville, deux seigneurs mogols étaient profondément engagés dans une sérieuse partie d'échecs ; on vint les prévenir de l'imminence du péril, mais ils ne daignèrent pas bouger. La citadelle était prise : les deux joueurs continuaient leur partie ; tout à coup le donjon est envahi et ils sont entourés par les Rajpouts. L'un d'eux se tourne vers les vainqueurs et demande froidement qu'il leur soit permis de terminer leur partie d'échecs. Il fut accédé à leur demande, et ils continuèrent flegmatiquement à jouer. La partie finie, les deux joueurs livrèrent leurs poitrines aux égorgeurs. »

» Plus tard, les jeux d'échecs jouèrent un grand rôle dans les fastes de la cour des Grands Mogols. Les empereurs de l'Inde avaient dans chacun de leurs palais une cour, dont le sol, incrusté de larges carreaux de marbre blanc et rouge, formait un gigantesque échiquier. Les pièces étaient remplacées par des esclaves, qui, revêtus des attributs spéciaux, manœuvraient sur l'échiquier au commandement des joueurs.

» Le grand conquérant tartare Tamerlan était un joueur d'échecs passionné. Ne se contentant pas des combinaisons auxquelles se prête le jeu que nous connaissons, il s'était fait faire un échiquier renfermant 110 cases au lieu de 64.

» De l'Inde, le jeu d'échecs fut importé en Chine par les missionnaires bouddhistes, vers le deuxième ou troisième siècle, ainsi que l'attestent les plus anciennes chroniques chinoises. Il se propagea de bonne heure dans le reste de l'Asie; les musulmans l'emportèrent avec eux dans leurs rapides conquêtes.

» Il est assez difficile de préciser à quelle époque le jeu d'échecs fut introduit en Europe; il est probable que ce ne fut qu'après l'invasion arabe que le jeu indien vint remplacer le jeu inventé par Palamède, resté en honneur chez les Romains sous le nom de jeu des *latrunculi* et *milites*.

» Il est en tout cas bien évident que le nom même des échecs nous vient d'Orient. L'ex-

pression « échec et mat » n'est que la trans-
formation des mots persans *chah matta*, « le
roi est mort »; en effet, nous retrouvons en
allemand ces mots presque exactement dans
leur forme primitive : *schach matt*.

» Le premier jeu d'échecs dont les annales
européennes fassent mention est celui que le

JEU D'ÉCHECS D'HAROUN-AL-RACHID.

calife Haroun-al-Rachid envoya, entre autres
cadeaux, à l'empereur Charlemagne. Il se com-
posait de pièces d'ivoire finement travaillées, et
avait été probablement fabriqué dans l'Inde.

» Les échecs, à partir de cette époque, gagnèrent rapidement la faveur des Européens; les
nobles s'en réservaient l'exercice et l'interdi-
saient aux gens du peuple ou de la bourgeoisie.

» Nous trouvons même dans notre histoire un fait qui caractérise la popularité de ce jeu. Jean de Salisbury rapporte, dans son traité des Bagatelles des cours (*de Nugis curialibus*), qu'à la bataille de Brenneville, le roi de France Louis VI, au moment où un soldat ennemi saisissait la bride de son cheval et s'écriait : « Le roi est pris! » l'abattit d'un coup de masse d'armes en disant : « Ne sais-tu pas qu'aux *échecs* on ne prend pas le roi? » C'était un jeu de mots, mais appliqué avec justesse, car vous n'ignorez pas que le roi est la seule pièce du jeu d'échecs qu'on ne peut pas prendre, puisque c'est sur lui que repose tout le jeu, et qu'une fois enlevé, la partie serait terminée.

» Les romans de chevalerie nous apprennent que l'on enseignait le jeu d'échecs aux jeunes nobles comme un complément indispensable de leur éducation.

» Sous le règne de saint Louis, le célèbre Vieux de la Montagne, le chef de la secte des Assassins, envoya au roi en présent un magnifique jeu d'échecs en cristal, qui est conservé au musée de Cluny, et dont nous pouvons encore admirer toutes les *pièces*.

» Le jeu d'échecs excita au moyen âge une si vive passion, que les conciles durent s'en occuper. Il est à constater qu'aucun d'eux ne le

JEU D'ÉCHECS DU VIEUX DE LA MONTAGNE.

blâma, et il échappa à l'interdiction dont furent frappés les autres jeux de hasard.

» Les poètes le chantèrent pompeusement: Jérôme Vida composa en son honneur un poème latin, traduit en français par Desmazures. Enfin, en 1607, on dansa à la cour un ballet où les grandes dames et les seigneurs, revêtus des costumes distinctifs des différentes pièces du jeu, simulèrent une partie d'échecs.

» Louis XIII avait un tel penchant pour les échecs, qu'il se fit faire un échiquier rembourré pour lui permettre d'y jouer même en voiture. Les pièces étaient garnies d'aiguilles en dessous, s'adaptant de telle façon que le mouvement de la voiture ne pouvait les faire tomber.

» Au dix-huitième siècle, Paris devint le rendez-vous des principaux joueurs d'échecs. C'était au café de la Régence, au Palais-Royal, que se tenaient ces réunions célèbres, dans les-quelles le fameux Philidor livrait de mémorables parties avec les principaux joueurs de tous les pays d'Europe. Cette grande réputation a survécu à toutes les révolutions; encore aujourd'hui, il n'est pas de joueur d'Allemagne, d'Angle-terre, des pays les plus lointains, qui ne vienne recevoir sa consécration au café de la Régence.

» Il me reste encore quelques mots à vous dire sur le jeu d'échecs allemand, qui se distingue par plusieurs points de son congénère indien, quoiqu'il se joue de la même façon.

» Le jeu d'échecs paraît en effet avoir été

connu dès la plus haute antiquité dans les pays du nord-ouest de l'Europe, et il est assez difficile de préciser à quelle époque ces pays peuvent l'avoir reçu de l'Orient. En tous cas, les plus anciennes légendes teutones et scandinaves font mention du jeu d'échecs comme le divertissement favori des princes. Nous y voyons le dieu Odin lui-même jouer aux échecs en maintes occasions.

» Les pièces du jeu scandinave ou allemand sont différentes des nôtres. Le roi est toujours représenté assis sur un trône ; la reine monte un cheval fougueux ; quant aux pions, ils figurent les différents corps de métiers de la bourgeoisie.

» Si je ne craignais de lasser votre patience, je pourrais vous parler encore des diverses transformations qu'a subies le jeu d'échecs en Chine, où il a donné naissance à un certain nombre de jeux analogues.

» Les habitants du Céleste-Empire ont du reste de tout temps manifesté une véritable passion pour ce noble jeu. Il n'est pas de pays où tout ce qui s'y rapporte ait été entouré de plus de soins. L'échiquier est toujours en laque de la plus belle qualité; quant aux pièces, il me suffira de vous dire que les principales sont généralement placées sur des boules d'ivoire, ciselées et évidées à l'intérieur, de manière à former

JEU D'ÉCHECS CHINOIS.

quatre, et quelquefois huit boules concentriques, et que chacune de ces pièces demande plus d'un an de travail. Chez les gens du peuple les pièces diverses sont représentées par des jetons plats de couleurs différentes.

— Me voilà édifié, dit le docteur, lorsque M. Deville eut cessé de parler; grâce à vous, je

JEU D'ÉCHECS DES GENS DU PEUPLE EN CHINE.

possède maintenant mon histoire des échecs sur le bout du doigt. Mais il me semble cependant que vous avez omis quelque chose. Vous ne nous avez pas parlé des chanceliers de l'Échiquier; je suppose que ces grands personnages, dont la dignité s'est perpétuée en Angleterre, devaient être à l'origine les gardiens de l'échiquier du roi.

— Non, reprit M. Deville en souriant : on donnait le nom d'*échiquiers* à certaines hautes cours de justice instituées par les ducs de Normandie, et de là cette qualification est passée avec les conquérants normands en Angleterre, où la cour de l'Échiquier est encore, comme vous le savez, le grand tribunal du royaume. On n'est pas d'accord sur l'origine de ce nom; les uns le font venir de l'allemand *schicken* (envoyer), parce que les juges étaient délégués, envoyés par le souverain; les autres prétendent que le nom d'*échiquier* fut donné au premier tribunal de Normandie, parce qu'il siégeait dans une salle dont le pavé était divisé en compartiments de marbre blanc et noir semblables à ceux de l'échiquier.

Les deux hypothèses peuvent être justes; nous ne les discuterons pas, d'autant plus que j'entends la cloche du dîner. Ainsi, mes amis, à table! »

LE SCAPHANDRE

Lorsque l'homme, dans les premiers âges de son existence, aperçut du sommet des rivages la vaste étendue des mers, il dut, après avoir d'abord reculé devant ces flots menaçants, tenter d'étendre sur eux sa domination.

Creusant dans le tronc des arbres de frêles esquifs, il se lança hardiment sur les vagues et devint le maître de la mer. Mais si dès lors la surface liquide lui appartenait, s'il allait pouvoir la sillonner et en faire la grande voie de sa civilisation, ses profondeurs mystérieuses lui échappaient.

Et cependant, que de convoitises ne devaient pas déjà réveiller chez lui les brillants objets, le corail, la nacre, la perle, l'éponge et tant d'autres richesses que le flot lui apportait sur le rivage comme un tribut de l'Océan!

Avec cette témérité que Dieu a accordée à notre seule race humaine, l'homme, ne se contentant pas de ce maigre tribut, voulut aller chercher lui-même ces trésors à leur source.

Il se lança résolument dans l'onde, il s'aida de la corde et de la pierre pour s'y enfoncer plus profondément, et au prix d'efforts inouïs il parvint à arracher à la mer quelques-uns de ces trésors cachés. C'est de cette façon toute primitive que, à présent encore, l'Indien va chercher la perle précieuse, l'habitant des rivages de la Méditerrannée le corail et l'éponge.

Mais l'homme ne pouvait s'enfoncer ainsi dans l'eau qu'à une faible profondeur; il ne pouvait y séjourner chaque fois que quelques secondes, obligé de revenir à la surface respirer l'air nécessaire à ses poumons. C'est à peine si quelques plongeurs habiles réussissaient à prolonger ce séjour jusqu'à quelques minutes, et encore au prix de cruelles souffrances : car ils sortaient de l'eau avec la respiration haletante et le sang jaillissant du nez et des oreilles. C'est ainsi que nous voyons encore aujourd'hui les malheureux pêcheurs de perles du golfe de Manaar, qui ont la réputation de prolonger leur séjour sous l'eau jusqu'à quatre et même cinq minutes, offrir l'aspect le plus lamentable : leurs yeux injectés de sang, leur peau devenue verte et livide, montrent assez de quelles souffrances ils payent ce faible avantage sur leurs rivaux.

En vain les savants de l'antiquité essayèrent-ils de venir en aide au travailleur sous-marin; ce n'est que de nos jours, il y a quelques années à peine, que la science a fini par faire un pas dans la conquête du fond de la mer.

La première découverte d'un appareil permettant à l'homme de séjourner sous l'eau fut faite en Angleterre, il y a environ cent ans, par Halley, qui imagina la cloche à plongeur.

Cette invention était basée sur la remarque que

vous avez faite que lorsque l'on plonge un verre renversé dans l'eau, l'air qu'il renferme empêche le liquide d'y pénétrer. Halley avait donc cons-

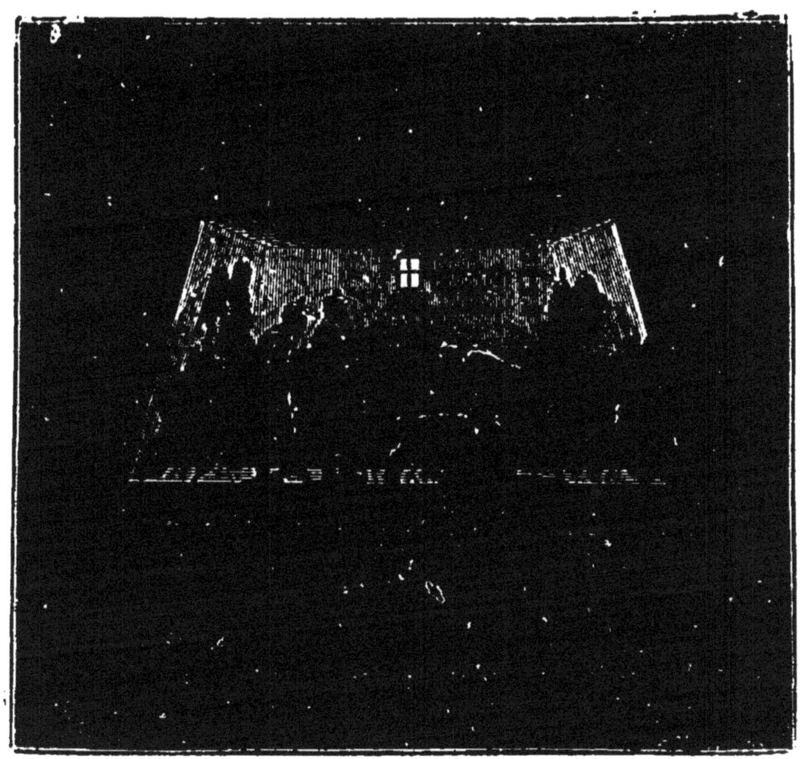

CLOCHE A PLONGEUR.

truit une vaste cloche en fer munie d'un plancher mobile, et garnie de bancs, dans laquelle sept ou huit hommes pouvaient prendre place.

Au moyen de cet appareil primitif, plusieurs

hommes pouvaient descendre à la fois jusqu'à 15 ou 20 mètres au-dessous de la surface et y séjourner pendant un temps considérable, puisque l'air de la cloche pouvait être renouvelé par une pompe aspirante et foulante.

Mais la cloche à plongeur offrait, à côté de ces avantages, de grands inconvénients : les ouvriers qui y étaient enfermés ne pouvaient explorer que la partie du sol marin qu'elle recouvrait ; pour faire des recherches ou des travaux, il fallait souvent la changer de place, et dans ce but la hisser à la surface, puis la redescendre, opération qui demandait un temps considérable.

Il fallait donc trouver un système qui permît au travailleur de se passer de la cloche et de pouvoir aller et venir en toute liberté au fond de la mer. De longues recherches, faites dans ce but, amenèrent enfin, vers le commencement de ce siècle, et cette fois en France, la découverte de cet appareil si désiré, que l'on baptisa du nom de *scaphandre*, de deux mots grecs *scaphé* (barque), et *aner*, *andros* (homme), c'est-à-dire l'homme-bateau ou l'homme-poisson.

Le scaphandre primitif était un habit composé d'une étoffe imperméable, se rattachant à une sorte de casque de cuivre muni de grosses lentilles de verre.

L'ouvrier plongeur, ainsi enfermé dans cet habit, avait toute la liberté de ses mouvements, et il recevait l'air nécessaire à sa respiration par un tuyau fixé au vêtement et communiquant avec une pompe aspirante et foulante placée sur le rivage ou dans un bateau.

L'air arrivait dans l'intérieur du vêtement, remplissait le casque et s'échappait une fois respiré par une petite soupape placée au sommet du scaphandre.

Cependant cet appareil, tout perfectionné qu'il fût, offrait de grands inconvénients. Tout d'abord, il fallait, pour que l'homme pût respirer, que la pompe fût manœuvrée avec une grande régularité; puis, l'air violemment comprimé par les pistons s'échauffait rapidement et arrivait au plongeur avec une température suffocante; enfin la moindre déchirure dans une partie quelconque du vêtement mettait en danger la vie du travailleur, qui pouvait être asphyxié par l'irruption de l'eau avant qu'on pût lui porter secours.

Ces inconvénients rendaient le scaphandre d'un usage fort dangereux, réclamant de la part du plongeur un rare courage, puisque à chaque descente sous l'eau il mettait en jeu son existence et enlevait par conséquent à cette ingénieuse invention une grande partie de son efficacité. C'est à deux Français, M. Rouquayrol, ingénieur des mines, et M. Denayrouze, lieutenant de vaisseau, associés dans ces recherches, que revient l'honneur d'avoir résolu cette question et d'avoir amené le scaphandre à un degré de perfection merveilleux.

Ces savants inventeurs, ayant soigneusement étudié tous les défauts du scaphandre primitif, eurent l'idée de munir le plongeur d'un réservoir régulateur, qui lui tiendrait lieu en quelque sorte de poumon artificiel.

Ce réservoir, formé de légères et fortes lames d'acier, est suspendu sur le dos du plongeur comme un sac de soldat. Il est muni d'un tuyau

PLONGEUR REVÊTU DU SCAPHANDRE PERFECTIONNÉ.

de respiration entrant dans le casque et venant s'appliquer sur les lèvres et entre les dents de l'homme, qui peut ainsi régler lui-même sa respiration. L'air envoyé par la pompe est d'abord reçu dans le cylindre inférieur, puis passe à travers une soupape dans la chambre supérieure, d'où le plongeur le tire par aspiration. Par ce moyen, ce dernier ne ressent plus l'irrégularité

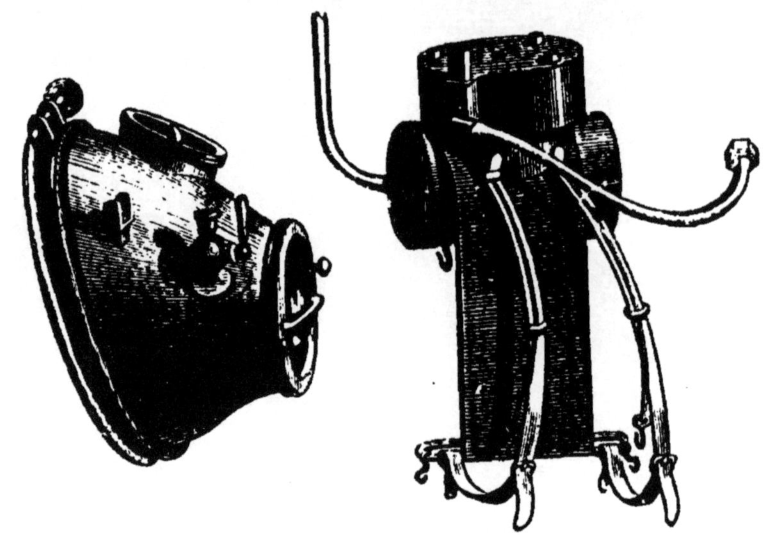

MASQUE ET RÉSERVOIR DU SCAPHANDRE.

du jeu de la pompe. En outre, avantage énorme, l'air arrivant directement à la bouche, le vêtement du plongeur peut être envahi par l'eau sans compromettre subitement son existence, et cette disposition permet de remplacer le casque lourd et pesant, qui s'emboîtait sur les épaules, par un simple masque protégeant le visage et muni de lentilles de verre.

Enfin, l'appareil Rouquayrol-Denayrouze offre encore un autre avantage non moins précieux : c'est qu'il permet aux personnes manœuvrant la pompe de se rendre compte de l'état du plongeur pendant tout le temps qu'il reste sous l'eau. En effet, aussi longtemps que la respiration de celui-ci se fait avec régularité, l'air respiré remonte en bulles à la surface à des intervalles réguliers. Ces intervalles augmentent-ils ou diminuent-ils notablement, c'est que la respiration ne se fait plus d'une façon normale. Les bulles cessent-elles tout à fait de se montrer, c'est que le plongeur ne respire plus et il faut se hâter de le retirer.

Et cependant, malgré tous les perfectionnements apportés à ces appareils, l'homme ne peut pas encore dire qu'il a fait la conquête du fond de la mer. Il peut descendre sous l'eau, y séjourner un temps indéterminé ; mais il lui est impossible de s'enfoncer au delà d'une certaine profondeur.

A environ 60 mètres, il est obligé de s'arrêter et il est peu probable qu'il réussisse jamais par aucune invention à reculer cette limite que la nature

PLONGEUR NETTOYANT UN NAVIRE EN MARCHE.

lui a posée. En effet, arrivé à 60 mètres de profondeur, le plongeur se trouve soumis à une pression équivalente à sept atmosphères. Sous cette énorme pesée, les fonctions normales de la vie se trouvent entravées, et l'air de la pompe n'est plus qu'un auxiliaire impuissant.

L'homme a donc trouvé une limite infranchissable. Jamais il ne pourra parcourir les profonds abîmes de l'Océan. Cependant il doit se féliciter de la noble ambition qui, si elle ne lui a pas livré l'empire entier de la mer, l'a amené à faire une découverte comme celle du scaphandre.

Avec cet appareil, tous les trésors de la mer lui deviennent accessibles : il peut pêcher le corail, la perle, l'éponge, sans peine; inspecter la coque de ses navires, sans les hisser péniblement hors de l'eau; enfin se rendre facilement compte du relief des passes et des récifs, et prévenir par ce moyen bien des catastrophes maritimes.

LE CORAIL

Dès la plus haute antiquité, les habitants des rivages de la Méditerranée ont considéré le corail comme une des plus précieuses productions de la mer et ont fait figurer ses éclatants fragments dans leur parure, et cependant il n'y a guère plus d'un siècle que le mystère qui enveloppait son origine a été dévoilé.

Quelques observateurs anciens considérèrent le corail, à cause de son extrême dureté, comme une substance minérale. Mais l'idée qui parut dominer toutes les autres, c'était que le corail ne représentait qu'un arbrisseau sous-marin. Telle fut l'opinion de Pline et de Dioscoride ; et ces deux érudits, en le voyant si dur et si compact, ajoutaient même que cet arbrisseau ne nous apparaissait avec une telle consistance, que parce qu'il se pétrifiait subitement en sortant des flots, lorsque l'air le frappait.

« Tournefort, ce voyageur si judicieux, dit M. Pouchet, ne tira, à ce sujet, aucun avantage de ses périgrinations en Orient, la patrie du célèbre polypier. Il le considéra aussi comme une plante et le fit même figurer, à ce titre, dans l'une des planches de son magnifique ouvrage.

Il y est placé dans la vingt-deuxième classe du règne végétal, parmi la section qu'il intitule : *Des herbes marines ou fluviatiles, desquelles les fleurs et les fruits sont inconnus du vulgaire.* Un moment, mais seulement un moment, hélas! l'opinion du botaniste français parut reposer sur la plus stricte observation. Durant le XVIIIe siècle, le comte de Marsigli annonça au monde savant qu'il venait de découvrir les fleurs du corail, et que, par conséquent, sa nature végétale ne pouvait plus être mise en doute. En plaçant des branches de ce polypier dans de l'eau de mer, immédiatement après qu'elles venaient d'être pêchées, l'observateur italien avait vu les espèces de bourgeons qui couvrent leur surface s'épanouir comme autant de fleurs à huit pétales, formées de gentilles petites corolles blanches et étoilées, qui se dessinaient sur l'écorce rougeâtre des tiges. Marsigli n'en doutait plus : c'étaient là les fleurs de l'arbrisseau paradoxal; il avait résolu le problème laissé encore incomplet par Tournefort. Dans sa joie, en proclamant sa découverte dans le sein de l'Académie des sciences, accompagnée des pièces de conviction, il écrivait au président :

« Je vous envoie quelques branches de Corail, couvertes de fleurs blanches. Cette découverte

ARBUSTE DE CORAIL.

m'a fait presque passer pour sorcier dans le pays, personne, même les pêcheurs, n'ayant rien ou presque rien vu de semblable. »

L'illustre compagnie savante fut convaincue. Mais ses convictions et la quiétude de Marsigli ne devaient avoir qu'une courte durée. Peu de temps après le moment où l'on avait cru avoir mis enfin le doigt sur la vérité, un médecin français, Peyssonnel, qui, en 1725, parcourait les côtes de la Barbarie, ayant assisté à la pêche du Corail et fait sur celui-ci de longues recherches, découvrit que ces prétendues fleurs n'étaient qu'autant de petits animaux ou polypes analogues à ceux des madrépores, et qui, comme eux, bâtissaient le faux arbrisseau pierreux. L'affaire eut un grand retentissement, et, bon gré, mal gré, il fallut bien la débrouiller. Puis, au moment où la lumière se fit, on s'aperçut enfin que c'était le simple médecin de province qui avait raison contre l'Académie. Les fleurs du Corail n'étaient que des polypes, et l'arbrisseau pierreux, un madrépore, sculpté et façonné par de tout petits animaux marins.

« Telle est la vérité relativement à la nature du corail; revenons sur la seconde erreur qui ternit son histoire. On ne concevait pas trop comment un corps si dur pouvait cependant n'être qu'un tissu végétal. Les pêcheurs, en suivant la tradition ancienne, expliquaient parfaitement la chose, et tout le monde ajoutait foi à leurs paroles. Ils prétendaient aussi que, sous l'eau, l'arbrisseau marin n'avait que la consistance de toutes les plantes terrestres analogues, mais qu'il durcissait subitement au contact de l'air.

» Cette étrange opinion était profondément enracinée parmi les masses et rangée au nombre des faits les plus avérés. Cependant M. de Nicolaï, qui était inspecteur des pêches, voulut tout vérifier. Il fit plonger un de ses corailleurs, afin quil vérifiât quelle était la consistance du polypier. Celui-ci rapporta que, dans la mer, le Corail avait la même dureté qu'à l'air. Mais tel était l'empire du préjugé, que M. de Nicolaï ne crut qu'à demi son employé. En définitive, il se décida à plonger pour s'assurer par lui-même du fait, et il reconnut alors qu'au milieu des flots le polypier possède réellement toute sa consistance. Ainsi, on a oscillé deux mille ans, chose désespérante, avant de parvenir à déterminer la véritable nature du Corail. Il a fallu tout ce temps pour établir que celui-ci n'est qu'un simple polypier marin; et que, dans les gouffres de la mer qu'il habite, et où les pêcheurs vont l'arracher avec leurs filets, il est tout aussi dur que quand il forme ces bracelets ou ces riches colliers dont le vermillon fait un si charmant contraste avec la blancheur du teint de nos dames élégantes. »

Aujourd'hui, pour tous les naturalistes, le Corail est un membre de la grande famille des polypiers ou animaux composites, dont il forme le groupe des Coralliens.

Le Corail habite surtout la Méditerranée et la mer Rouge, où on le trouve jusqu'à 300 mètres de profondeur. Quand on le retire de la mer, il ressemble absolument, par la disposition de ses rameaux, à un arbuste en miniature ; et la coupe de sa tige elle-même présente des couches concentriques analogues à celles de certains végétaux. Les branches sont couvertes d'une écorce rose et molle, et elles offrent de place en place de petits trous dans chacun desquels réside l'un de leurs constructeurs. Ceux-ci sont autant de Polypes qui, lorsqu'ils viennent à s'épanouir, ont toute l'apparence de jolies petites fleurs d'un assez beau blanc, à huit divisions étalées comme des rayons, et dont les bords sont ornementés

d'une rangée de cils. Ce fut cette trompeuse apparence qui fit tant osciller les naturalistes relativement à la nature du Corail.

Le polypier du Corail ne passe pas son existence entière dans son immobilité végétale. Après sa naissance, il prend au bout de peu de temps la forme d'un petit ver blanchâtre et demi-transparent, qui nage en tout sens avec une extrême agilité. Le moment étant venu de se fixer, l'animal abandonne sa forme de ver, se soude au rocher et laisse sortir de sa bouche les huit tentacules qui lui serviront désormais à happer sa nourriture au passage. Il jou t alors de la propriété singulière de produire par bourgeonnements de nouveaux êtres qui,

se développant autour de leur mère, forment ces branches si caractéristiques du Corail.

La pêche du corail se pratique principalement à l'entrée de la mer Adriatique, sur les côtes de Sicile, et aux environs de Bône et de la Calle en Algérie

PÊCHE DU CORAIL.

Cette pêche se fait d'une façon extrêmement simple, mais elle est très pénible : aussi dit-on souvent en Italie que, pour aller pêcher le Corail, il faut avoir été voleur ou assassin : ce qui est une offense gratuite à d'honnêtes matelots, mais ce qui donne bien l'idée des fatigues de ce travail de mer.

Cinq ou six pêcheurs, placés sur une barque, plongent dans la mer une sorte de croix horizontale, à branches égales, portant à chaque extrémité un filet en forme de cône, tissé avec de l'étoupe. Au centre de l'appareil est ajouté en dessous une grosse pierre, qui l'entraîne rapidement au fond de l'eau. On le descend au moyen d'une forte corde à 60 ou 100 mètres de profondeur. Un pêcheur élève et abaisse alternativement cet appareil ; en même temps les autres rament lentement de manière à balayer la surface d'un certain nombre de rochers. Les mailles lâches des quatre filets promenés sur les coraux accrochent leurs branches, les cassent, ou arrachent les polypiers tout entiers.

Quand on suppose que la prise est suffisante, on remonte l'appareil, labeur lent, dur et des plus pénibles, puis on détache la récolte et on la dépose dans le bateau.

Nous avons déjà dit que les anciens regardaient le Corail comme une matière précieuse ; ce n'était pas seulement à cause de sa beauté, mais parce qu'ils lui attribuaient des vertus merveilleuses.

Les Gaulois paraient de Corail leurs armures pour se rendre invulnérables ; les Romains, imités en ceci par les Italiens modernes, en portaient des fragments comme amulettes pour se préserver du mauvais sort et des maladies contagieuses.

Cette crédulité ne doit pas nous faire trop sourire, car le Corail est resté jusqu'à nos jours inscrit parmi les ressources de notre médecine.

Comme joyau, le Corail tire sa valeur de l'uniformité et de l'éclat de sa couleur et aussi des dimensions de ses fragments. Le rouge vif, dit écume de sang, est fort estimé, mais le rose est le plus rare et le plus cher.

LES OMNIBUS

Parmi les milliers de personnes qui se servent tous les jours de ces grandes et confortables voitures dont le surnom d'*omnibus* est aujourd'hui tout à fait passé dans notre langue, il en est bien peu qui connaissent l'origine de cette invention si utile, on pourrait dire indispensable dans une grande ville comme Paris.

C'est à Blaise Pascal que revient l'honneur de l'idée première de cette invention. Déjà à cette époque, c'est-à dire au XVIIe siècle, le service des voitures de louage était devenu incapable de suffire aux besoins si multiples de la population parisienne.

Le célèbre auteur des *Provinciales* eut l'idée de mettre à la disposition du public des voitures qui, faisant le transport en commun et suivant des itinéraires déterminés, pouvaient offrir le double avantage de la rapidité et du bon marché.

Les voitures imaginées par Pascal, décorées du nom de *carrosses à cinq sols*, furent solennellement inaugurées le 18 mars 1662. Les *routes* furent fixées *de par le roy;* les cochers étaient vêtus aux couleurs de la ville de Paris, et les voitures étaient distinguées par un plus ou moins grand nombre de fleurs de lis, comme aujourd'hui elles sont distinguées par des numéros. Il y eut trois lignes parcourues par sept carrosses.

Les premiers carrosses ne pouvaient contenir que six personnes : c'était trop peu; on ne tarda pas à s'en apercevoir, et l'on y ajouta deux places de plus.

L'usage de ces voitures était presque exclusivement réservé à la bourgeoisie; quelques gens de noblesse s'y montrèrent parfois, mais le cas parut assez rare pour que les gazettes du temps

crussent ne pas devoir le passer sous silence ;
quant au peuple, il en était sévèrement exclu.
Ces carrosses durèrent une quinzaine d'années
et disparurent sans laisser de trace.

Il faut attendre bien des années avant de les
retrouver, et ce n'est pas à Paris qu'ils se montrent : c'est à Nantes, en 1826. Ils y obtinrent
un succès qui engagea l'entrepreneur, M. Bau-
dry, à demander de les établir à Paris. Pour
diverses raisons, cette introduction ne put se
faire qu'en 1828. C'est le 30 janvier de cette
année que Paris posséda les premières voitures
de ce genre, baptisées dès ce moment du nom
d'*omnibus*.

Le nom seul est un chef-d'œuvre, dit
M. Maxime Du Camp. Il est à la fois facile à rete-
nir, étrange par son origine exotique, et con-
tient une définition complète. En effet, les nouvelles voitures étaient *pour tous* : c'est là ce
qui devait en assurer le succès et finir par les
rendre indispensables à la population.

Cent omnibus furent offerts au public. Ils

partaient de stations fixes, parcouraient un iti-
néraire invariable fixé par l'autorité compétente
et contenaient quatorze places, qui, comme au
temps de Louis XIV, coûtaient cinq sous chacune.

C'étaient de lourdes voitures dont la forme
extérieure rappelait celle des gondoles; elles
étaient traînées par trois chevaux attelés de front,
et le cocher, à l'aide d'une pédale à soufflet
placée sous ses pieds et aboutissant à trois trom-
pettes, sonnait des fanfares lugubres pour an-
noncer son passage. C'est du reste à ce système
d'avertissement qu'on a dû revenir lors de l'éta-
blissement des tramways.

Ce fut de l'engouement. Les omnibus suffisaient à peine à conduire tous les voyageurs qui
se pressaient aux abords des stations. Cependant l'affaire ne réussit pas : elle était chargée
de frais trop lourds, auxquels ne répondaient
pas les bénéfices.

On rétablit l'équilibre en supprimant un cheval, en augmentant de cinq centimes le prix de

la course et en construisant des voitures qui, moins larges et plus longues, pouvaient contenir deux places de plus et un strapontin supplémentaire.

Dès lors la fortune de l'entreprise fut faite, et chacun demanda des concessions nouvelles; on n'en fut pas avare, et les rues de Paris furent sillonnées du matin au soir par des voitures oubliées aujourd'hui, mais qui firent parler d'elles autrefois.

C'étaient les *Tricycles*, qui n'avaient que trois roues, les *Favorites*, les *Béarnaises*, les *Dames blanches*, à caisse blanche et traînées par des chevaux blancs à panaches de même couleur, les *Dames réunies*, les *Constantines*, les *Batignollaises*, les *Gazelles*, les *Hirondelles*, semées d'hirondelles sur fond jaune, les *Écossaises*, bariolées comme de vrais tartans, les *Excellentes*, les *Parisiennes*, les *Citadines*, et bien d'autres qui ne vécurent qu'un jour et n'ont plus reparu.

En 1836, on imagina la *correspondance*, qui

OMNIBUS DE PARIS.

permettait au voyageur, pour le même prix, de passer d'une ligne à l'autre. En 1853, la création de banquettes placées sur le dessus de la voiture, et qu'on appela *impériales*, donna un regain de succès aux omnibus. Ces places ne coûtaient dès lors, comme aujourd'hui, que 15 centimes, la moitié du prix d'intérieur.

Vers 1855, on comprit que, dans l'intérêt de la régularité et de l'efficacité des services, toutes ces entreprises multiples devaient disparaître et faire place à une administration centrale et unique. Une fusion s'opéra sous le patronage de l'autorité municipale, et il n'y eut plus à Paris qu'une seule Compagnie générale des omnibus, ayant le monopole exclusif des transports en commun dans l'intérieur de la ville. En 1855 l'entreprise avait dans Paris 347 voitures, qui ont transporté 36 millions de voyageurs ; en 1860, lors de l'annexion de la banlieue, les voitures, au nombre de 406, transportèrent près de 80 millions de personnes.

En 1869, le chiffre des voyageurs d'omnibus

s'éleva à 116 778 759, se décomposant en 66 985 216 voyageurs d'intérieur et 49 793 540 d'impériale. Le nombre des voitures de la Compagnie était à cette époque de 694 et celui des chevaux de 8279.

Ces chiffres, qui ont encore augmenté depuis, prouvent l'importance réellement générale d'un pareil service. S'il venait à manquer tout à coup, ce serait un désastre, et le Parisien ne saurait plus que devenir.

En effet, quel chemin resterait chaque jour à parcourir, si l'on n'avait plus ces larges voitures hospitalières qui font un trajet annuel de plus de 22 millions de kilomètres!

Mais Paris n'est plus seul à profiter de la philanthropique idée de Blaise Pascal; l'usage des voitures de transport en commun s'est rapidement répandu sur toute la terre, et il n'est pas de pays aujourd'hui qui ne possède ses omnibus.

En Angleterre, en Amérique, en Allemagne, ils sont devenus, comme à Paris, une des con ditions indispensables de l'existence des grandes villes, mais on les trouve jusque dans l'Inde, en Chine et même au Japon et en Arabie.

LES TRAINEAUX

Parmi mes jeunes lecteurs il en est sans doute beaucoup qui n'ont jamais vu de traîneau.

Le climat de la France est trop doux pour que l'emploi de ce mode de locomotion y ait jamais été fort usité; le sol ne s'y présente que rarement dans les conditions voulues, et cela pendant un espace de temps tellement court, que les amateurs ou les propriétaires de traîneaux sont souvent plusieurs années sans pouvoir utiliser ce genre de véhicule.

Mais il en est tout autrement dans les pays du nord de l'Europe et de l'Amérique : le traîneau y est pendant les longs mois d'hiver le seul moyen de transport.

Le traîneau est sans nul doute le premier mode de véhicule que l'homme ait inventé, et il lui a fallu bien longtemps avant d'arriver au degré de perfection qu'il a atteint aujourd'hui.

Par le simple raisonnement, il est facile de retracer les diverses phases qu'a dû suivre cette modeste découverte, origine première de nos superbes équipages, de nos magnifiques wagons de chemins de fer.

Lorsque l'homme eut dompté et asservi le cheval et le bœuf, il ne fut plus condamné à ramper péniblement sur la terre et à porter sur ses épaules les produits de ses champs ou de sa chasse.

Mais bientôt, ses besoins croissant, la force même de ses nouveaux auxiliaires devint insuffisante; il dut reconnaître qu'elle avait, elle aussi, des limites très restreintes et que le cheval ou le bœuf le plus fort était impuissant à

porter sur son dos la lonrde pièce de bois que
son maître avait arrachée à la forêt pour con-
struire sa hutte.

L'homme dut donc s'ingénier, et ce que ses
auxiliaires ne pouvaient porter, il le leur fit
traîner. La pièce de bois attachée à la bête fut
ainsi traînée sur le sol et portée à la hutte. Le
premier qui fit cette chose si simple faisait cependant une découverte précieuse, aussi im-
portante que la conquête même du cheval, car
il était sans s'en douter l'inventeur de la locomotion terrestre. Et ne croyez pas que ce titre
d'inventeur ne soit pas mérité par l'homme ou
la race qui conçut la première idée d'un mode
de locomotion. Ne voyons-nous pas encore aujourd'hui, en plein XIXe siècle, dans le centre de
l'Afrique, des peuplades sauvages qui, possé-
dant depuis des siècles des bêtes de trait, n'ont
jamais eu la moindre notion de leur puissance
de traction?

Après cette découverte, les progrès de
l'homme dans cet art nouveau furent encore lents.

Il en arriva d'abord à attacher ensemble plusieurs pièces de bois, sur lesquelles il posa les objets que leur contact avec le sol eût pu détériorer. Puis il donna une forme plus stable à sa structure : il la composa de deux morceaux de bois dégrossis, qu'il plaça parallèlement et qu'il réunit entre eux par une ou plusieurs traverses. Ce jour-là, il eut un chariot glissant sur le sol, sans roues, en un mot un traîneau.

Le traîneau ainsi établi ne pouvait être employé que sur un terrain uni; les moindres aspérités du sol devaient entraver sa marche. Il eût glissé parfaitement sur la neige ou sur la glace, mais les régions habitées par ses inventeurs ne devaient offrir que rarement ces phénomènes. Nous verrons tout à l'heure ce qu'il devint entre les mains des habitants des régions froides.

A l'inconvénient de ne pouvoir glisser que sur un terrain peu accidenté, le traîneau primitif joignait celui de ne pouvoir être chargé trop lourdement. Dans ce cas, le moindre caillou arrêtait sa marche, et tous les efforts des hommes et des bêtes suffisaient à peine à le mouvoir.

Cependant l'homme n'abandonna pas pour cela le traîneau, mais il dut s'ingénier pour obvier à cette nouvelle difficulté. Pour cela il arriva sans doute accidentellement à se servir de rouleaux de bois, qu'il plaçait sous son traîneau trop lourdement chargé et qui lui permettaient ainsi de lui faire franchir les pas difficiles.

Il n'est pas un de vous qui n'ait vu les maçons se servir du rouleau pour faire mouvoir les plus lourdes pierres. Vous savez donc tous combien la manœuvre en est lente et pénible; il faut à chaque instant déplacer un des rouleaux pour gagner une distance à peu près égale à la longueur de l'objet remué.

Le traîneau primitif sur des rouleaux mobiles n'était pas encore une voiture, mais il n'était déjà plus un traîneau dans toute l'acception du terme. Il fallut cependant encore des siècles à

UN TRAINEAU OMNIBUS A NEW-YORK.

l'homme pour trouver le moyen d'attacher ces rouleaux au corps du traîneau et pour transformer ainsi celui-ci en une véritable voiture, posée sur des roues.

On attribue assez généralement à Cyrus l'invention des roues, mais il est prouvé par les traditions et par les sculptures des monuments égyptiens, assyriens et indiens que ces peuples connaissaient l'emploi des roues dès une antiquité reculée.

Nous avons vu comment le traîneau primitif s'était lentement transformé en un véhicule à roues; mais, si son usage fut alors complètement abandonné dans les pays chauds ou tempérés, il n'en était pas de même dans les contrées septentrionales, où il continuait à offrir des avantages bien supérieurs à ceux de la voiture à roues.

Aujourd'hui le traîneau, en Russie, a revêtu des aspects et des usages aussi variés que nos voitures. Sitôt que les vents de novembre ont étendu sur le pays cet épais manteau de neig qui couvre sa surface pendant cinq mois, les voitures sont mises de côté, et les traîneaux les remplacent partout. Ils deviennent fiacres, charrettes, camions; ils fournissent aussi aux riches d'élégants véhicules.

Il n'est en effet rien de plus gracieux et de plus agréable que le traîneau, appelé par les Russes le char silencieux. Entraîné par le galop des chevaux, il glisse sans bruit sur la neige, dont il ride à peine la surface unie. Le voyageur, enveloppé dans ses fourrures, se sent emporté, sans qu'aucun bruit, si ce n'est celui que produisent les nombreuses sonnettes des chevaux, sans qu'aucun choc lui rende perceptible la rapidité de sa course.

Il faut avoir été à Saint-Pétersbourg pour se faire une idée des innombrables formes que revêt le traîneau : les rues sont sillonnées de mille véhicules bizarres; les uns ne sont qu'une sorte de banc monté sur de légers patins, et sur lequel le voyageur se place à califourchon; les autres ont la forme d'un cygne ou d'un tigre; puis il y a les traîneaux de la poste, aux caisses peintes en rouge, les traîneaux des chemins de fer; le traîneau de l'emper ur, garni de nombreuses banquettes, sur lesquelles la famille impériale et toute sa suite peuvent prendre place, et mille autres variétés.

Dans l'Allemagne du Nord, en Suède, en Hollande, en Danemark, le traîneau est presque en aussi grand usage qu'en Russie. Sur les rives de la Baltique, les paysannes, se rendant au marché, suivent en patinant leurs traîneaux chargés de provisions, que traînent des chiens, comme chez les Esquimaux.

Dans le nord de l'Amérique, aux États-Unis, dans le Canada et les pays du Dominion, le traîneau remplace complètement les voitures pendant l'hiver. Les rues de New-York sont parcourues durant cette saison par de grands traîneaux-omnibus montés sur des patins en fer et traînés par six vigoureux chevaux empanachés.

Les Américains ne se sont pas contentés

LE TRAINEAU IMPÉRIAL A SAINT-PÉTERSBOURG.

d'adapter le traîneau à toutes les exigences de la civilisation moderne, c'est à eux que revient l'honneur d'avoir amené ce véhicule primitif à son plus haut degré de perfection. Ils ont inventé non pas le traîneau à vapeur, cela viendra peut-être un jour, mais le traîneau à voile.

Ce traîneau forme une sorte de plancher léger, supporté par deux solides patins en acier. Il est muni d'une mâture, semblable à celle d'une barque, à laquelle on adapte une vaste voilure de *racing yacht*, et il porte à l'arrière une lame tranchante, en fer, qui, mordant profondément dans la glace, remplit à peu près le même office que le gouvernail dans un bateau.

Placé sur une glace unie, celle d'un fleuve ou d'un lac, ce bateau-traîneau, appelé bateau à glace par les Canadiens, se meut sous l'action du vent avec la régularité d'une barque et avec une rapidité que rien n'égale. Cette rapidité est telle, que dans des conditions favorables elle peut dépasser celle d'un train express lancé à toute vitesse.

Comme exemple de cette extraordinaire vélocité, on raconte que, dans l'hiver de 1864, à la suite d'un pari, deux traîneaux à voile naviguant, ou plutôt volant sur la glace de l'Hudson, se mesurèrent avec le train express qui suivait la voie longeant ce fleuve. Malgré les efforts du mécanicien qui fit toute vapeur, les traîneaux à voile battirent aisément le train, et gagnèrent une avance de quelques minutes sur un parcours d'environ cinq kilomètres.

L'histoire est américaine; mais fût-elle un peu exagérée, il n'en est pas moins vrai qu'il y a bien loin de ce traîneau, battant à la course une locomotive, à l'humble poutre que nos ancêtres furent si fiers de voir traîner pour la première fois par un cheval.

LES VÉLOCIPÈDES

« Le vélocipède est un des signes du temps. Après le coche, la diligence; — après la dili-

gence, le chemin de fer ; — après le chemin de
fer, le vélocipède... » C'est ainsi qu'un journal
saluait, en 1860 ou 1862, l'apparition du modeste véhicule, et si cet enthousiasme fait aujourd'hui sourire, il n'est que juste de dire qu'il
était à ce moment largement partagé en France.

L'engouement pour le vélocipède se propagea
rapidement, et cette invention purement fran-
çaise fut bientôt acclimatée dans tous les pays
du monde : en Amérique, on comptait en 1866
dans la seule ville de New-York cinq mille personnes se servant du vélocipède.

Fait bizarre, cette invention qui soulevait tant
d'enthousiasme et que ses admirateurs forcenés
ne craignaient pas de mettre non seulement en
parallèle, mais au-dessus de la plus grande invention des temps modernes, le chemin de fer,
n'était pas cependant nouvelle. Ce n'était que
le perfectionnement du célérifère, construit pour
la première fois en 1818, et qui, lui, avait passé
presque inaperçu et avait été complètement
délaissé.

Le célérifère de 1818 ressemblait presque exactement au vélocipède; seulement ses roues étaient dépourvues de tout moteur. Le cavalier se contentait d'enfourcher la machine, et, frappant alternativement le sol de ses pieds, réussissait à lui imprimer un mouvement assez ra-

pide; de là on comprend une allure fort ridicule et fort fatigante qui fit abandonner le célérifère.

Un peu plus tard, on imagina le tricycle, léger véhicule à trois roues, mis en mouvement au moyen de pédales, simple perfectionnement de ces voitures que les malades emploient et qui se meuvent au moyen de deux leviers.

« On nous a raconté, dit M. Deharme dans son curieux traité des *Merveilles de la locomotion*, qu'un jour un de ces tricycles fut apporté à la maison Michaux, moins connue alors qu'elle ne l'était il y a quelques années, pour y être réparé. Le fils de la maison joue avec l'appareil. Au lieu de trois roues, il n'en met que deux, et il actionne la roue d'avant avec les pieds. Il essaye, il se lance, il tombe. Il se lance encore, sa course devient plus sûre. Chaque chute excite son courage. Le véhicule n'a plus que deux roues. L'homme court sur cet appareil, qui ne peut se tenir droit au repos, et le vélocipède est inventé. »

Le vélocipède du système Michaux est trop connu de mes lecteurs pour que je leur en fasse une description détaillée; en tous cas la gravure ci-contre leur permet de se rendre aisément compte de la disposition de l'appareil.

J'ai dit avec quel enthousiasme la nouvelle invention fut accueillie; dans tous les rangs de la société on se mit à l'étude de l'art du véloci-

pède ; des clubs, des journaux spéciaux, furent
fondés pour encourager et propager cet art
naissant ; on donna des courses où les vélocipèdes remplaçaient les chevaux ; enfin on fut.

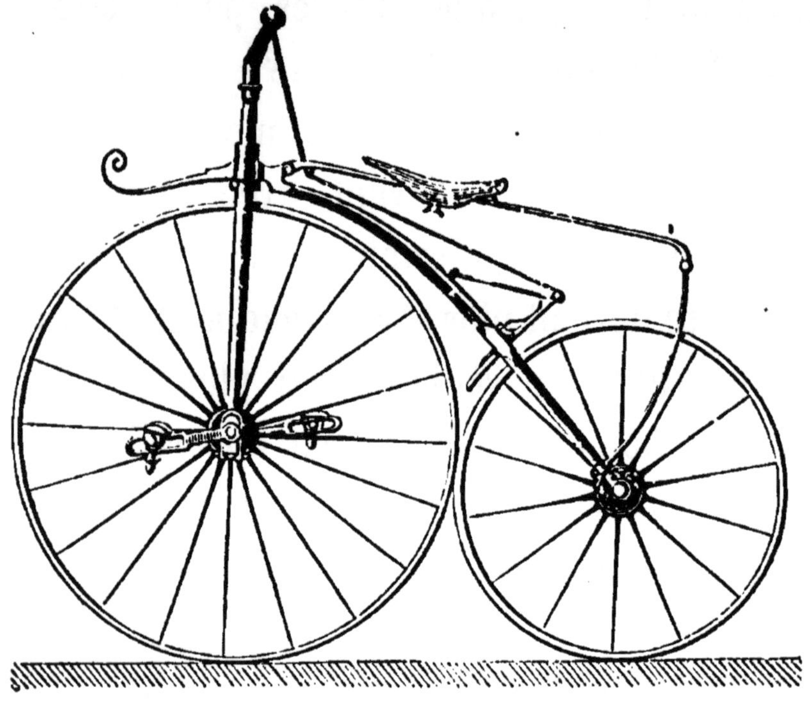

VÉLOCIPÈDE MICHAUX.

sur le point de placer l'inventeur du vélocipède au rang des grands bienfaiteurs de l'humanité. Son invention devait amener une
révolution complète : désormais le pauvre, l'ouvrier, l'artisan, chacun aurait son vélocipède, et

serait affranchi du dur labeur de la marche.

Mais on s'aperçut bientôt que le vélocipède ne pouvait s'employer que sur un terrain uni, sans accidents, sans montées; que son usage n'était pas sans demander une agilité et une adresse tout au plus communes chez les jeunes gens, et enfin qu'il exigeait une dépense de force assez considérable.

Dès lors le vélocipède tomba aussi rapidement dans l'estime publique, qu'il avait été prompt à la gagner. On fut obligé d'abandonner les grandes utopies philanthropiques, et l'instable bicycle, qui avait failli, selon ses fanatiques, détrôner la locomotive, dut se contenter du rôle qu'il occupe aujourd'hui, celui d'un instrument de gymnastique, fort amusant à la campagne, où il permet de se livrer sur de bonnes routes à un exercice suffisamment hygiénique.

Cependant, pour ne pas être accusé de passer trop facilement d'un extrême à l'autre, il faut reconnaître que le vélocipède possède certains avantages indéniables. Il permet entre autres à son cavalier, auquel on applique le terme technique de véloceman, de franchir avec une vitesse excessive des distances assez considérables.

Cette vitesse est proportionnée naturellement à la fois à la nature du terrain, à la force du véloceman et à la qualité du vélocipède. Sur une route ordinaire, modérément accidentée, elle est en moyenne de 10 à 15 kilomètres par heure, et sur une voie asphaltée, d'un niveau parfait, elle atteint et dépasse même 30 kilomètres, la vitesse d'un train omnibus. Mais pour obtenir ce résultat il faut chez le véloceman une grande vigueur, jointe à une connaissance profonde de la pratique de son instrument.

Les amateurs de vélocipèdes font mention de véritables voyages exécutés par des vélocipédistes. Ainsi en avril 1869 un Anglais, M. Booth, franchit en sept heures et demie la distance de Londres à Brighton, c'est-à-dire plus de 83 kilomètres. M. Deharme cite une course de 250 kilomètres exécutée par un véloceman en 20 heures consécutives, ce qui représente une vitesse de 12 kilomètres par heure.

Depuis l'invention du vélocipède, on s'est appliqué de toute façon à perfectionner l'ap-

VÉLOCIPÈDE-RAQUETTE.

pareil primitif créé par la maison Michaux; on a fait des vélocipèdes recevant leur impulsion par la roue d'arrière, comme dans le vélocipède-raquette représenté ci-dessus; on a donné des proportions variables aux roues, on a enfin essayé mille combinaisons, mais sans produire de progrès bien sensible sur l'appareil primitif.

Mais on ne s'est pas contenté de perfectionner avec une véritable fureur le vélocipède, on a voulu encore l'appliquer littéralement à tous les éléments.

On a créé le podoscaphe ou vélocipède marin, formé de deux canots fort légers mus au moyen d'une roue centrale, à laquelle

VÉLOCIPÈDE A VOILE.

le véloceman imprime la force motrice au moyen de pédales, absolument comme dans le vélocipède terrestre.

Puis on a imaginé le vélocipède à voile. Ce

système a donné des résultats fort curieux; on
a vu parfois le vélocipède poussé par sa voile
franchir jusqu'à 25 kilomètres à l'heure, sans
que le cavalier ait pour ainsi dire à faire autre
chose que maintenir son équilibre.

Enfin, on a voulu aller jusqu'à appliquer la
vapeur au vélocipède. Il est inutile de dire
que cette tentative a complètement échoué.

LES ARBRES GÉANTS

De tout temps les hommes ont éprouvé pour
les arbres séculaires une sorte de vénération.
Les premiers hommes, frappés par l'imposante
majesté de ces rois des forêts, les adoraient; les
sauvages de l'Afrique ou de l'Inde suspendent encore aujourd'hui leurs fétiches aux branches des
arbres que leur âge désigne à leur admiration.

C'est à l'ombre des chênes séculaires que
les Gaulois célébraient les cérémonies de leur
culte, et que plus tard nos rois, de mœurs sim-

ples, aimaient à tenir leurs cours de justice. L'histoire a conservé le souvenir du bon roi Louis IX tenant ses assises sous un chêne séculaire de Vincennes.

Il n'est rien en effet de plus beau, de plus imposant qu'un arbre séculaire et plein de vigueur, dressant superbement son tronc massif couronné d'une épaisse voûte de feuillage, admirable monument de la nature près duquel les œuvres de l'homme ne sont qu'œuvres froides et périssables.

Chez les peuples anciens on croyait que certains arbres avaient une durée éternelle. Pline et Tacite affirment que les chênes sont immortels ; ils ne semblent pas en douter quand ils décrivent les imposants tableaux de la forêt Hercynienne de la Germanie. « Ces grands arbres n'ont jamais été frappés par la cognée, ils sont aussi vieux que le monde, et jouissent, par une ineffable merveille, d'une sorte d'immortalité. »

« Si l'on a égard, dit ailleurs le naturaliste ancien, à ce qu'on nous raconte des productions de certaines contrées les plus reculées, et à ces forêts immenses dans lesquelles les Romains n'ont jamais pénétré, on pourra croire qu'il y a des arbres dont la durée est infinie. »

Quelque merveilleux que puissent paraître de tels faits, entrevus par l'antiquité, la science moderne les confirme aujourd'hui, avec l'autorité d'observations indiscutables.

Il y a un siècle environ qu'un heureux hasard a permis d'établir d'une façon certaine le mode d'accroissement et la durée de la vie des arbres.

L'illustre naturaliste Adanson trouva aux îles du Cap-Vert un gigantesque baobab, qui allait lui permettre de résoudre ce point si longtemps mystérieux de la longévité des arbres. Cet arbre ayant été abattu, Adanson découvrit dans l'intérieur du tronc une inscription encore intacte que des navigateurs anglais y avaient tracée trois siècles auparavant. L'inscription se trouvait recouverte par une épaisseur considérable de ligneux. Le naturaliste ayant compté les couches qui composaient cette épaisseur constata que

BAOBA DES ÎLES DU CAP-VERT.

leur nombre était exactement équivalent au nombre d'années écoulées depuis la date de l'inscription. Chacune des couches circulaires représentait donc une année.

En s'appuyant sur cette base, Adanson mesura les diamètres de plusieurs baobabs beaucoup plus grands, et y trouva jusqu'à 5000 couches superposées, et il arriva à en conclure qu'un grand nombre d'entre eux devaient compter environ 5000 années d'existence.

Depuis, des rencontres analogues ont eu lieu assez fréquemment et sont venues confirmer la théorie d'Adanson, d'après laquelle l'âge d'un arbre est exactement représenté par le nombre des couches ligneuses qui le composent, en comptant du cœur du tronc à sa partie externe.

C'est ainsi qu'on peut voir, dans une des salles du Muséum d'histoire naturelle de Paris, une coupe d'un tronc de hêtre qui, abattu en 1805, porte dans son épaisseur une inscription datée de 1750. On peut s'assurer que cinquante-cinq

couches ligneuses recouvrent ces chiffres nette-
ment tracés.

Quelques arbres ont présenté des particu-
larités plus saisissantes, et provenant des mêmes
causes; ainsi dans les domaines du duc de Croy,
en Hollande, une bûche de hêtre qui allait être
débitée se fendit, et l'on aperçut sur les faces
éclatées le dessin d'une croix, au dessous de
laquelle étaient deux os croisés. Il est à présu-
mer que quelque anachorète de la forêt avait autrefois creusé cet arbre pour y conserver les
objets de sa dévotion.

La découverte d'Adamson a permis de la sorte
d'établir avec certitude la longévité des principales espèces d'arbres de nos climats. Ainsi les
pins et les marronniers peuvent vivre pendant
quatre ou cinq siècles. Les pins de l'île de Té-
nériffe ont été plantés au XVe siècle par des
Espagnols; ils sont encore aujourd'hui pleins
de vitalité; leur sève circule avec abondance
dans leur troncs vénérables. Les sapins de la
Thuringe en Allemagne n'ont pas moins de sept

cents zones annuelles, que l'on compte nette-
ment.

C'est en Califormie, dans la forêt de Calaveras
et au milieu des vallées du Yosémiti, que se
dressent les rois du monde végétal, les plus
grands des arbres existants. Ce sont des pins du
genre *sequoïa*.

Quelques-uns ont été brûlés au pied par
les Indiens ou par la foudre; quelques autres
sont tombés de vieillesse. Dans un tronc
ainsi couché et pourri, on peut s'avancer à
cheval l'espace de 30 mètres. Un des arbres
tombés, le *Père de la forêt*, avait environ
140 mètres, c'est-à-dire, près de sept fois la
hauteur d'une maison à six étages de Paris.
Un autre, dont le tronc est à nu, la *Cabine du
Pionnier*, a 10 mètres de diamètre à la base; la
Beauté de la forêt a 100 mètres de haut, les *Deux
sentinelles* en ont 105. Autour de ces grands sequoïas croissent toutes les espèces de conifères :
pins, sapins, cèdres, ifs, mélèzes, cyprès, qui
tous atteignent des proportions gigantesques.

Par l'examen des couches ligneuses des plus grands sequoïas, on a pu s'assurer que leur âge

PORTION DU TRONC D'UN DES ARBRES GÉANTS
DE LA FORÊT DE CALAVERAS.
A côté est le kiosque bâti sur une autre partie du tronc.

dépasse de trois à quatre mille ans. Il est cependant encore sur le globe des arbres plus vieux.

Le doyen des arbres existants serait, à ce que l'on croit, le fameux cyprès, appelé l'arbre de *Noche Trista* (de la Nuit Triste), qui se trouve sur la route de Vera-Cruz à Mexico. D'après la tradition, c'est sous cet arbre que Fernand Cortez, fuyant avec ses soldats devant Montézuma, vint passer cette nuit d'angoisses pendant laquelle les Espagnols se crurent complètement perdus. Le tronc de ce cyprès a environ 36 mètres de circonférence, et comme l'accroissement de cette espèce est très lent, M. de Candolle donne à ce végétal célèbre un âge de près de six mille ans. Ce naturaliste croit, comme Pline l'Ancien, que la vie des végétaux n'a pas de limites, elle ne finit que lorsque le sol nourricier manque à ses racines, ou quand un accident vient la briser fortuitement. D'après lui, les géants de nos forêts terrestres doivent être considérés non plus comme un être isolé, mais comme un agrégat d'individus se succédant annuellement sur une même tige. Un arbre est une agglomération d'êtres, de bourgeons, qui forment ses branches, comme le polype du corail façonne ses rameaux. La tige est en quelque sorte un sol vivant, où croissent, vivent et meurent successivement les bourgeons, individus isolés dont l'ensemble forme l'arbre, véritable polypier végétal.

LES PLANTES ANIMÉES

Un des principaux axiomes de l'histoire naturelle est que l'animal se distingue du végétal en ce qu'il est susceptible de se mouvoir, ou tout au moins d'exécuter certains mouvements, en un mot parce qu'il est animé. Le végétal, lui, en dehors de la croissance, qui n'offre pas de mouvement susceptible d'être perçu, ne peut s'agiter que sous l'influence de causes indépendantes de son organisation; il vit, mais ne se meut pas.

Certes si l'on admet par le mot se mouvoir que le végétal est incapable de se transporter d'un point à un autre, de marcher, rien n'est plus vrai que cet axiome. Nous trouvons cependant au dernier échelon du règne animal des êtres qui sont aussi incapables de locomotion que la plante : l'huître, les polypes, par exemple. Ces êtres inférieurs sont considérés, et avec raison, comme des animaux, parce que, quoique ne pouvant se mouvoir, ils exécutent des mouvements.

Eh bien, il existe de même, en contradiction avec l'axiome établi, de nombreuses espèces de plantes qui se meuvent tout autant que ces êtres inférieurs, c'est-à-dire qui exécutent des mouvements sans l'aide d'aucun agent étranger. On peut donc dire qu'il y a des plantes animées.

C'est surtout dans les feuilles que nous rencontrons ce remarquable phénomène qui rapproche tant les végétaux des animaux.

« Sous ce rapport, dit M. Pouchet, la *Desmodie oscillante* doit occuper le premier rang, et sur elle la motilité surpasse énormément celle de beaucoup d'animaux inférieurs. C'est une plante de l'Inde, de la famille des Légumineuses, dont chaque feuille se compose d'une grande foliole terminale et de deux petites qui sont rapprochées de sa base. Quand le soleil frappe la Desmodie, ces deux dernières opèrent

des oscillations continues infiniment remarquables. Elles s'avancent et s'éloignent successivement l'une de l'autre par un mouvement tremblotant, saccadé, qui imite absolument celui de l'aiguille d'une montre à secondes. Et il y a une telle similitude de cause entre ces mouvements et ceux des animaux, qu'ils cessent sous l'influence des mêmes agents. Si vous arrosez la plante avec de l'opium, elle tombe dans le narcotisme et ses oscillations s'anéantissent... L'activité de la Desmodie a même tant d'énergie, qu'elle ne s'arrête pas sur les rameaux qui ont été amputés à la plante. Broussonnet a vu les folioles d'une branche qu'elle avait plongée dans de l'eau se mouvoir pendant trois jours. »

Il est d'autres plantes qui exécutent des mouvements non moins remarquables. Ces plantes belliqueuses se défendent avec énergie contre l'approche des insectes et sont d'une extrême irritabilité.

La plus remarquable d'entre elles est la *Dionée attrape-mouche*, dont les feuilles ne sont que d'insidieux pièges à insectes, de véritables pièges vivants. Leur extrémité évasée offre deux petites palettes hérissées de dents sur leurs bords et réunies à l'aide d'une charnière longitudinale.

DIONÉE ATTRAPE-MOUCHE.

Chacune de ces palettes est armée de trois épines pointues, placées vers son milieu et environnées de glandes qui distillent un fluide sucré. Lorsque quelque imprudent insecte, attiré par ce suc mielleux, se pose sur la feuille, celle-ci, irritée par son contact, rapproche brusquement ses valves comme un livre que l'on ferme, et le transperce de ses dards, en le serrant d'autant plus qu'il se débat davantage. Les palettes ne s'ouvrent que quand, tout à fait épuisé, ses mouvements cessent; mais souvent alors il est trop tard, le prisonnier est mort. La contraction de ces folioles a une telle énergie, qu'on les déchire plutôt que de les ouvrir quand elles sont fermées.

On a même prétendu que la Dionée n'abandonnait sa proie qu'après s'être, à l'instar de l'araignée, nourrie de son sang; mais le fait est encore à prouver.

Une plante de nos marais, la *Drotère* à feuilles rondes, est tout aussi perfide aux petits insectes ailés, mais par un autre moyen. Tout le dessus de ses feuilles est recouvert de filaments longs et grêles, portant à leur extrémité une gouttelette d'un fluide glutineux, et toute mouche imprudente qui vient butiner au milieu d'eux y trouve une mort certaine. Les filaments, irrités par son contact, s'entortillent autour d'elle, et ses ailes et ses pattes, immédiatement engluées par leur sécrétion, rendent toute évasion impossible. Chaque fois qu'en herborisant on rencontre cette plante, on observe que ses feuilles sont amplement garnies des cadavres de leurs victimes.

Parmi les diverses plantes douées de sensibilité il n'en est aucune qui frémisse et s'agite avec autant d'animation que la reine des Mimosées, la charmante *Sensitive*. Si, par le plus léger attouchement, on ébranle une seule de ses folioles, toutes se ferment, puis, quelques secondes après, toutes les branches s'affaissent successivement vers la terre ; la plante éprouve une commotion profonde, elle semble foudroyée. En vain certains botanistes ont-ils tenté d'expliquer cet extraordinaire phénomène par une inter-vention chimique ; il est évident qu'il ne s'agit ici que d'une manifestation vitale.

Si, en préservant une Sensitive de tout ébran-lement, on dépose sur une de ses feuilles une gouttelette d'un acide, son contact irritant suffit pour faire crisper toute la plante. Et si même on se contente de chauffer simplement l'une de ses petites folioles en la plaçant au foyer d'un verre ardent, la douleur est immédiatement ressentie dans toutes les régions de cette frêle Mimosée ; et, frappée de stupeur, elle a it subitement son feuillage et ses rameaux.

Cette charmante plante, objet de tant d'ingé-nieuses comparaisons, possède une délicatesse de sensation qu'on serait loin de s'attendre à rencontrer dans le règne végétal. Lorsque Von Martius traversait les savanes de l'Amérique tropicale où elle abonde, il remarquait que le bruit des pas de son cheval faisait au loin con-tracter les sensitives comme si elles en étaient effrayées. Un rayon de soleil ou l'ombre d'un nuage suffit même pour produire une ani-

SENSITIVE.

mation manifeste au milieu de leurs groupes.

Phénomène encore plus étrange! La délicate sensitive sait, ainsi que nous, se façonner aux circonstances variées dans lesquelles elle se trouve. Pendant un voyage, Desfontaines, en ayant placé une avec lui dans une voiture, la vit contracter immédiatement toutes ses feuilles, aussitôt qu'elle sentit l'ébranlement des roues. Puis, chose extraordinaire, le voyage s'étant prolongé, revenue de sa frayeur, la Sensitive rouvrit peu à peu toutes ses feuilles et les tint étalées tant que dura le mouvement. Elle s'y était accoutumée. Mais, si la voiture s'arrêtait, on voyait la même particularité se reproduire : au départ, la plante se contractait de nouveau pour ne se rouvrir que plus loin.

D'autres végétaux accomplissent instinctivement des actes presque incroyables en cherchant leur bien-être.

Dans son charmant livre de botanique, écrit avec une remarquable indépendance, Grimard cite l'histoire d'une *Clandestine écailleuse* qui, ayant germé au fond d'une caverne, s'est élevée à la prodigieuse hauteur de 120 pieds pour se porter vers la lumière, elle qui n'atteint ordinairement que 5 à 6 pouces de longueur!

Enfin, un autre point frappant qui rapproche des animaux ces curieux végétaux animés, c'est qu'ils semblent, à un certain degré, apprécier la fatigue et chercher le repos.

Dans certaines familles végétales, les plantes sont même tellement transfigurées pendant leur sommeil, qu'on ne les reconnaît plus. Si, vers six heures du soir, à la fin de l'été, on regarde une prairie de *Trèfle,* on est frappé de l'aspect qu'offrent à ce moment toutes les plantes. Les deux folioles latérales de chaque feuille se sont étroitement appliquées l'une contre l'autre, et la foliole moyenne les recouvre comme un toit protecteur ; l'apparence de la plantation en est tout à fait changée. De même l'aspect d'une forêt est parfois absolument changé par le sommeil des arbres qui la composent. Beaucoup rapprochent alors leurs rameaux de la tige, et leurs feuilles s'appliquent les unes aux autres pour se garantir mutuellement du froid. Quiconque a jamais vu une sensitive durant la nuit, à ses rameaux abattus et comme affaissés par la fatigue, à ses folioles rapprochées ainsi que des paupières qui se ferment, reconnaît qu'alors elle se repose et dort.

Tels sont quelques-uns des merveilleux phénomènes par lesquels se manifeste la vie des plantes, vie que bien des savants ont essayé de mettre en doute.

LES INSECTES LUMINEUX

Tout le monde connaît l'humble insecte appelé ver luisant, et qui éclaire pendant la nuit de sa lumière d'opale le tapis assombri de nos pelouses.

Le ver luisant ou lampyre ne nous donne qu'une faible idée de la merveilleuse famille des insectes producteurs de lumière qui, dans les pays tropicaux, sillonnent l'air de longues traî-

nées de feu ou illuminent féeriquement les profondeurs des forêts vierges.

L'un des plus remarquables représentants de
cette famille est le taupin lumineux ou pyrophore
des Antilles.

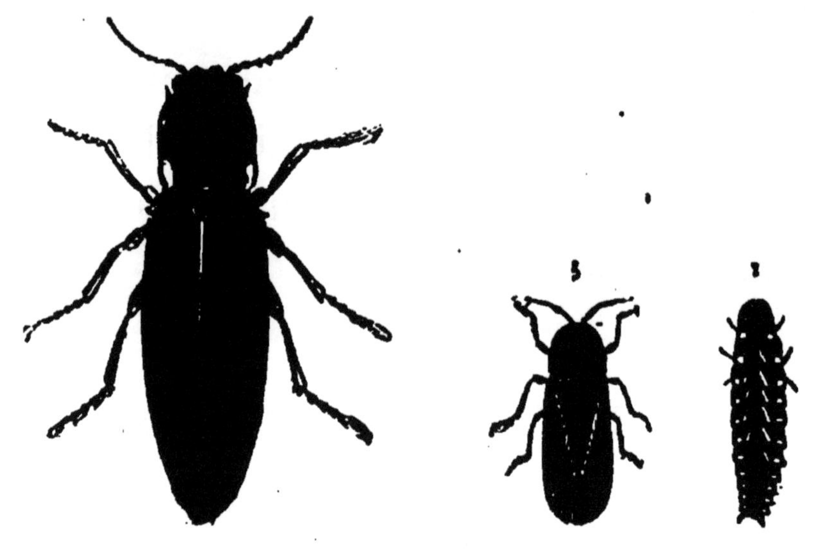

LE PYROPHORE DES ANTILLES.   LE LAMPYRE OU VER
LUISANT.

Autant l'éclat d'une lampe dépasse la lueur
d'une veilleuse, autant les feux du pyrophore
l'emportent sur la lumière de notre ver luisant.
Un pyrophore placé sur le bout du doigt et pro-
mené de ligne en ligne devant la page d'un livre
permet de lire couramment dans la nuit noire.

Quelques-uns dans une cage illuminent toute
une chambre. Leur lumière baisse-t-elle, on la

ranime en les agitant ou en les mettant dans
l'eau. Il ne faut pas croire qu'ils soient lumineux d'un bout à l'autre du corps ; tout l'éclat

qu'ils jettent vient de trois petites lanternes, dont deux sont placées sur le dos et une sur la poitrine. Il paraît que l'insecte peut, quand il le veut, fermer ces lanternes comme on ferme les yeux en abaissant les paupières.

L'Indien qui traverse de nuit les belles forêts du Mexique infestées de bêtes rampantes et venimeuses prend sur un arbre deux pyrophores et en met un sur chacun de ses pieds; ainsi éclairé, il court moins de risque de marcher sur un serpent. Quand le jour est venu ou quand la forêt est traversée, le voyageur pose les insectes sur une feuille et continue son chemin. Un proverbe mexicain dit : « Emporte la mouche de feu, mais remets-la où tu l'as prise. » Ce proverbe enseigne à la fois la prévoyance, la reconnaissance et la charité.

Un grand nombre de pyrophores sont apportés à Mexico pour y être vendus, non comme articles de voyage, mais comme objets de toilette. Ils ressemblent tant à des pierres précieuses que les femmes s'en parent comme de rubis, d'émeraudes et de diamants. A cet effet, on les enferme dans de tout petits sacs de tulle, dont on fixe un très grand nombre dans les nœuds de rubans et les bouquets de fleurs artificielles. Couverte de ces bijoux vivants, une femme s'avance comme une déesse enveloppée d'une auréole lumineuse qui se répand tout autour d'elle à une distance de plusieurs pieds.

Inoffensifs pour l'homme, les pyrophores sont sans pitié pour leur propre espèce; ceux qu'on enferme ensemble se livrent parfois de cruels combats. Leurs armes sont dans leurs pattes, dont les combattants se servent pour arracher la tête de leurs adversaires.

Après les insectes, il nous faut mentionner les animalcules phosphorescents qui remplissent les mers et à certain moment en couvrent les flots de lumière.

Écoutons ce que nous dit M. Poussielgue dans sa charmante relation d'un voyage en Floride :

« Quel magnifique spectacle, dit-il, la nature se plaît à nous donner cette nuit, et que les

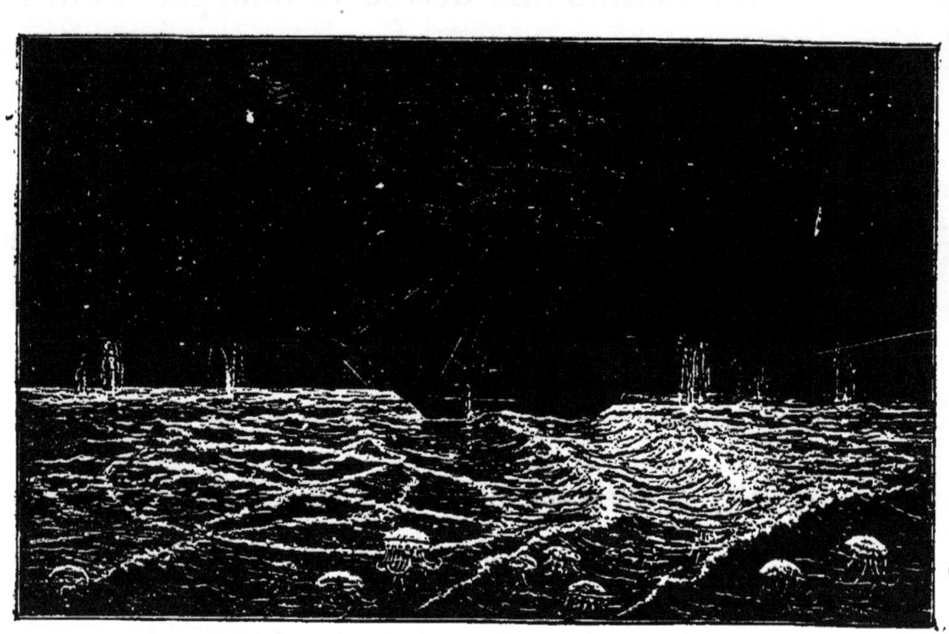

PHOSPHORESCENCE DE LA MER SUR LES COTES DE LA FLORIDE.

tours de force des Ruggieri sont loin de ces merveilles naturelles! Chaque vague roule enveloppée dans une lumière blanche, nappe frangée et lumineuse qui s'étend comme une écharpe et ondule avec l'Océan. La goélette est plus noire que le ciel; nous-mêmes sur le tillac nous ne nous apercevons point à deux pas de distance : nous voguons sur du feu; chaque lame qui vient frapper la proue rebondit en gerbes étincelantes. Un seau qu'on descend pour puiser de l'eau paraît s'enfoncer dans une fournaise, et nous remonte plein de flammes liquides; la corde et nos doigts humides sont phosphorescents, comme lorsqu'on a touché des allumettes mouillées. Des troupes de bonites, des requins, qui flairent la tempête et qui chassent dans cette nuit sinistre, tracent des traînées lumineuses dans leur puissant sillage : on dirait des coins de feu qui se croisent autour du bâtiment; mais quand un de ces poissons bat l'onde de sa queue, il fait jaillir des gerbes de flammes qui retombent en cascades d'étincelles. Deux ou trois grands souffleurs qui nagent dans notre voisinage en lançant l'eau par leurs évents, produisent des jets de feu d'un effet admirable. Ce n'est pas tout, voici le bouquet ! A la lumière blanche viennent se joindre les feux de couleur : le feu Saint-Elme, d'un violet chatoyant, parcourt en frissonnant l'extrémité des mâts et des vergues ; l'électricité des nuages qui nous enveloppent se joue autour de notre paratonnerre, dont la pointe produit l'effet d'une pile de Volta. Puis les mollusques phosphorescents illuminent à leur tour : voici les grandes méduses, les pélagies, qui flottent à la surface de la mer, semblables à des parachutes, ou plutôt aux globes dépolis de vastes lampes ; les mélitées, autres méduses plus petites, dont les bras forment la croix de Malte et reflètent un rouge éclatant ; les ocyroès, acalèphes microscopiques, qui brillent dans chaque goutte d'eau comme une constellation de diamants ; les vélelles au corps comprimé, dont la crête jette une douce lumière bleu de ciel ; les béroés, sorte de concombres épineux dont les feux sont d'un vert tendre. Mais ce n'est rien encore : à une certaine profondeur se forment des rosaces, des étoiles, des chaînes, des rubans de flammes d'une merveilleuse régularité, qui ondulent avec les vagues, imitant, dans ce feu d'artifice de la mer, les guirlandes de verre qu'on suspend aux mâts pavoisés de nos fêtes nationales! »

Par quel moyen ces êtres, ces insectes produisent-ils cette lumière? La science est restée jusqu'à présent impuissante à expliquer ce merveilleux phénomène.

FIN

PARIS. — IMPRIMERIE ÉMILE MARTINET, RUE MIGNON, 2

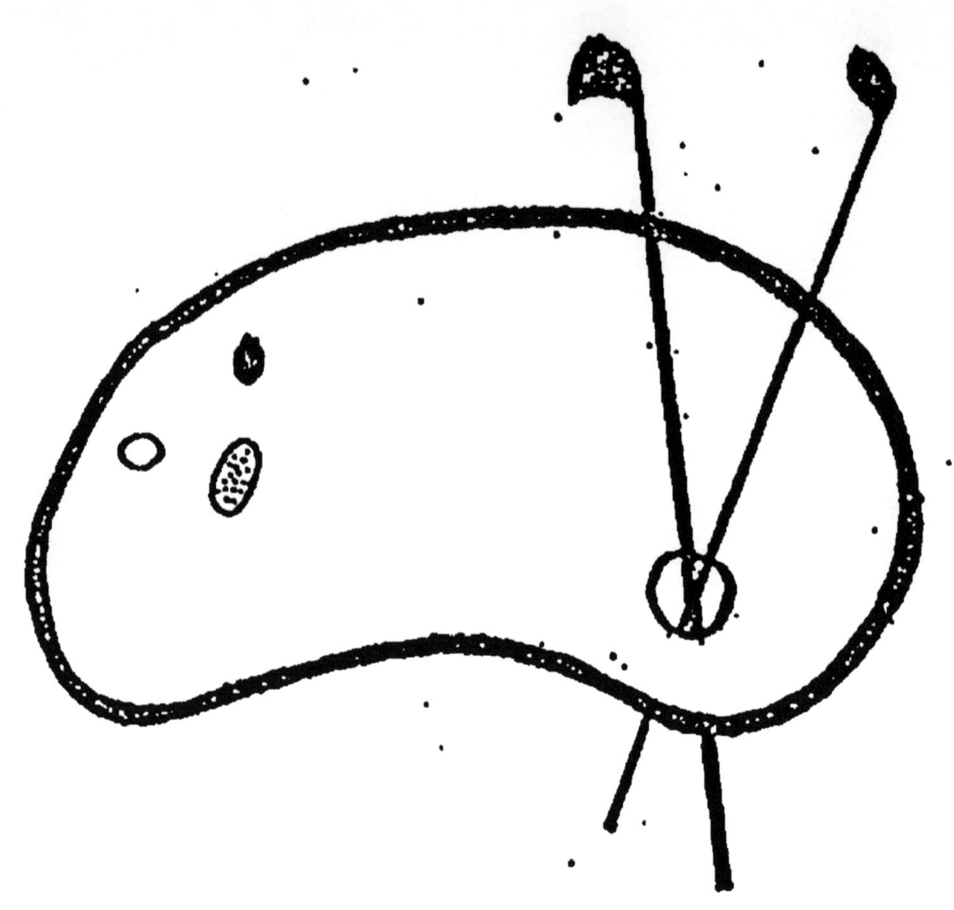

ORIGINAL EN COULEUR
NF Z 43-120-8

www.ingramcontent.com/pod-product-compliance
Ingram Content Group UK Ltd.
Pitfield, Milton Keynes, MK11 3LW, UK
UKHW020212130726
13696UKWH00002B/863